Das Geniale ist ja, dass wir nicht immer alles selbst erfinden müssen, um unseren Einfallsreichtum anzustacheln. Auch das bereits Gedachte ist kreditwürdig für Neues.

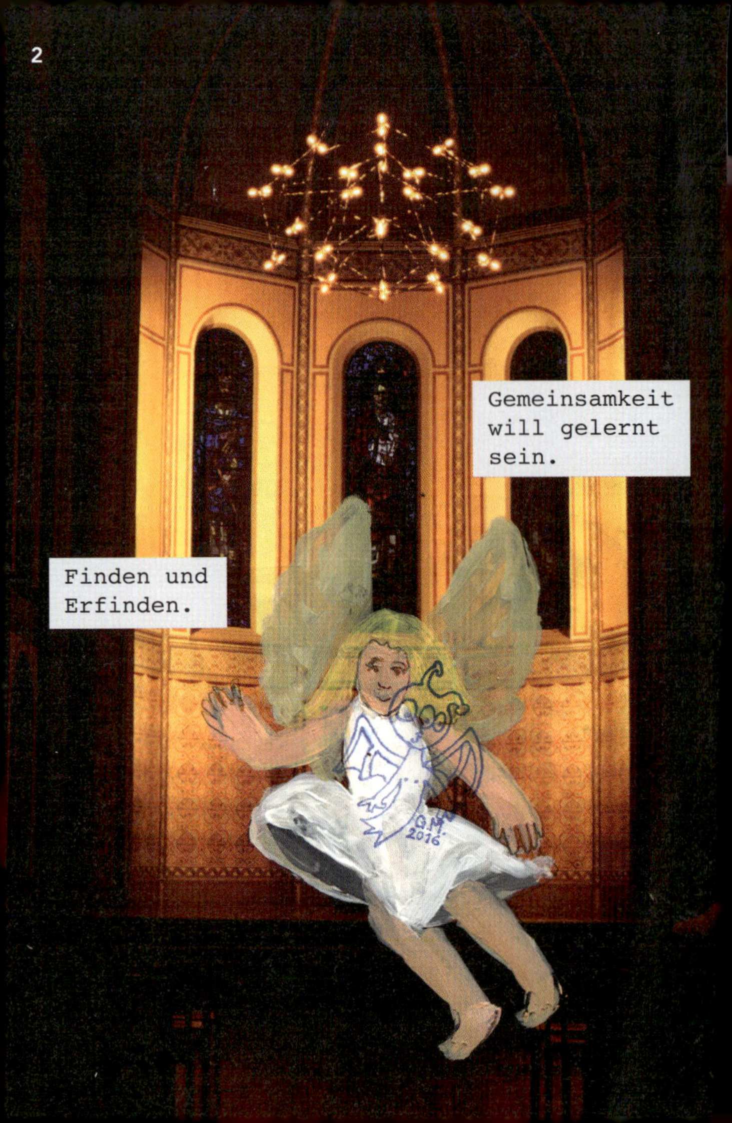

Gemeinsamkeit
will gelernt
sein.

Finden und
Erfinden.

Peter Jenny

Kreative Interventionen

Nichts ist je fertig!

Mitarbeit:
David Schlatter, Manette Fusenig,
Aline Telek, Colin Würgler

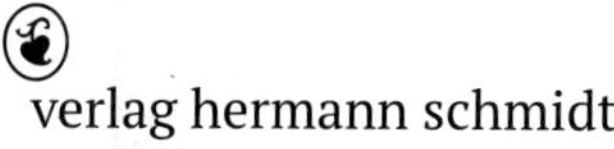

2. Auflage 2023

verlag hermann schmidt
Gonsenheimer Straße 56
55126 Mainz
Tel. +49 (0) 61 31 5060 0
info@verlag-hermann-schmidt.de
www.verlag-hermann-schmidt.de
facebook: Verlag Hermann Schmidt

ISBN 978-3-87439-935-7
Printed in Europe with Love.

Gestaltung: David Schlatter
Mitarbeit: Doris Jenny,
David Schlatter
Schriften: Avenir, ITC Stone Serif
Papier: 130 g/m² Artic Volume White
Gesamtherstellung: L&C Printing,
Krakau

Quellennachweis

Titelseite und S. 16: Foto: Emil Brunner, Braunwald im Auftrag von Photoglob Wehrli AG, Zürich: «Glarner Heimatbuch», 1950
S. 12: Urs Lüthi, Porträt von Peter Jenny, 1982
S. 14: Banner mit dem Hl. Fridolin: «Glarner Heimatbuch», 1950
S. 22: Mona Lisa nach Arthur Sapeck, 1887
S. 23: Mona Lisa nach Marcel Duchamp, 1919

S. 2, 30/31, 211, 212/213 (Bildbesprechung von 1982 eines Tierbildes von Fritz Hug), 216/217, 219, 221 aus: Peter Jenny: «Metaphern zur Wahrnehmungskunst», gta Verlag, Zürich, 2005

S. 202: Urs Lüthi, Selbstporträt, Aluminium, grün gefasst (Ausschnitt)

Sämtliche Vorlagen zum Überzeichnen aus: Peter Jenny: «Notizen zum figürlichen Zeichnen», Verlag Hermann Schmidt, Mainz, 2001

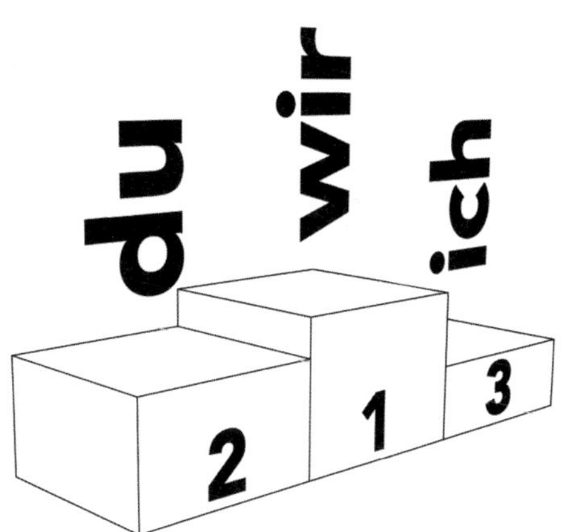

du
wir
ich
2
1
3

Kurz gesagt

1. Do it yourself

Nachahmen, Üben, Erfinden sind seit je die Grundlagen der Künstlerinnen und der Künstler. Fehler, das Recht aller Anfänger, könnten auch Ihre ästhetische Strategie sein, korrigieren gehört dabei zu Ihrem Anfängerglück. Diesem Glück etwas nachzuhelfen, ist uns allen mehr als verständlich.

2. Teamwork

Das Zusammenspiel von Bildern ist das alltäglichste der Welt, dabei werden das Ausschliessen und die Nutzung zur wichtigsten Fähigkeit. Schon die Beobachtung Ihres Spiegelbildes in einem Schaufenster bietet Ihnen Bildschichten, die überraschende Wechsel der Perspektive ermöglichen. Sie sehen – gerade beim Unscheinbaren –, dass doch mehr als zwei Seelen in Ihrer Brust wohnen.

3. Denkwerkzeug

Dieses Malbuch bietet Vorgaben, sie bilden die Entourage für Ihre eigenen Ideen und Bilder. Zwischen Vorbildern und Ihren Vorstellungen öffnet sich ein Spielraum, der Sie dazu einlädt, die Spielregeln wissentlich umzukrempeln.

4. Vergessenes

Viele von Ihnen haben irgendwann das Kritzeln, Zeichnen und Malen vergessen. Das bildnerische Denken jedoch bleibt allgegenwärtig in Ihrem Abc der Wahrnehmung. Die Anschauung ist die nie versiegende Quelle, die Sie selbst beim Träumen mit Bildern versorgt. Papier ist geduldig und hütet, was Sie ihm anvertrauen.

5. Seitenwechsel

Wortwechsel dienen dem Austausch von Meinungen. Wenn Sie der Ansicht sind, «Bildwechsel» könnten Ihr Thema sein, wäre «Kreative Interventionen» ein Skizzenbuch für Sie.

Unverschämt

Neugierde ist eine Triebfeder, die zwar nach Ergebnissen Ausschau hält, aber auch als blosse Eigenschaft schon spannend sein kann. Die Folgen der Neugierde sind nicht immer gut, wenn aber ein Aha-Erlebnis daraus entsteht, erfreut dies das Auge umso mehr. Als Talent wird Neugierde selten erwähnt oder sie wird gar negativ bewertet. Weniger verschämt und etwas unverschämtere Beobachtungs-Bereitschaft ist wünschenswert.

Dieses Büchlein ist als Ermutigung gedacht, das Nichtkönnen ist darum Teil des Könnens. Und in jedem Können verbirgt sich ein Allgemeinwissen, das eine Weiterentwicklung leichter macht. Bekanntes, das mit Überraschendem und Ungewohntem in Verbindung gebracht wird, erweitert unsere «Palette» fürs bildnerische Denken zusätzlich.

Indem wir das Weiter- und Überzeichnen anstreben, besinnen wir uns auf eine traditionelle Form. Gesichter in Gesichter hineinzeichnen –

von Frauen beim täglichen Schminken bis zur Perfektion gebracht – ist auch in Abbildungen anwendbar, wenn auch krasser.
Das Parodieren von bestehenden Porträts und anderen Bildern wurde nicht nur von Künstlern genutzt, Kinder und Erwachsene bedienten sich dieser Form seit je. Humor, Respektlosigkeit, nachträglich in Bilder hineingezeichnete Unterstellungen dienten dazu, mittels «übler oder witziger Nachrede» dem ursprünglichen Bild eine überraschende, neue Aussage zu verleihen. Die Aufmerksamkeitssteigerung ist ein erstrebenswertes Ziel. Mein Unterricht hat mit der Wahrnehmung zu tun, mit Bildern. Anstatt Erwartungen zu beliefern, gestalte ich Spiele, die viele spielen können. Jeder von uns hatte eine Zeit des Spielens, wird er damit konfrontiert, merkt er, Erfinden kommt ohne Erinnerung nicht aus. Wir alle hatten Fantasie, damals, als wir noch mit unseren Fingern, Zehen und allem, was greifbar war, spielten. Erwachsene glauben jedoch: Fantasie übertreibt.

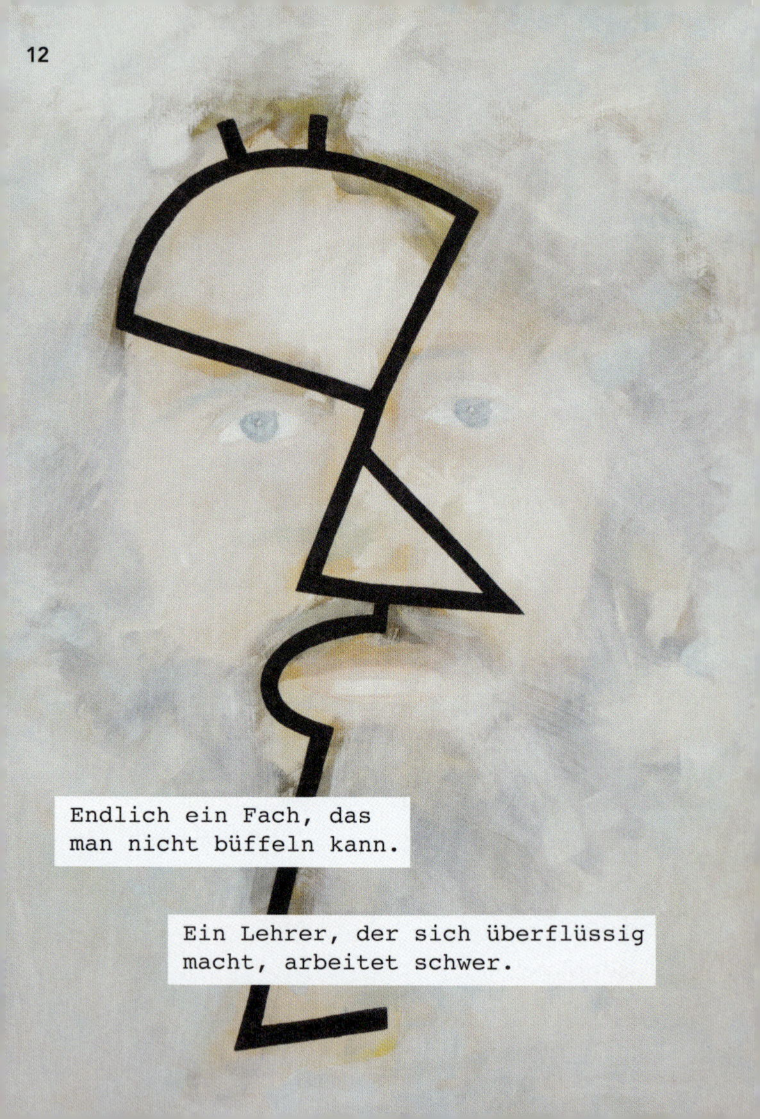

Endlich ein Fach, das
man nicht büffeln kann.

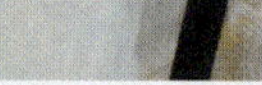

Ein Lehrer, der sich überflüssig
macht, arbeitet schwer.

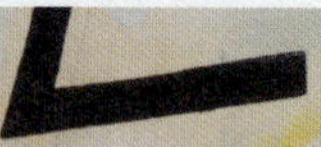

Vorschusslorbeeren

In meiner Jugendzeit mussten in der kleinen Landschule die nicht mehr gebrauchten Lehrbücher den nachrückenden Schülern überlassen werden. Diejenigen Exemplare, welche keine Gebrauchsspuren der Vorbesitzer aufwiesen, waren natürlich beim Lehrer beliebt und die «Sauberschüler» wurden deswegen auch zusätzlich gelobt. Dass sich die «Schmutzfinken» angeprangert fühlten, kümmerte dabei kaum jemand. Die kinderpsychologischen Überlegungen waren damals nicht verbreitet. Ein ausserordentlicher Lehrer aber ermunterte uns dazu, lustige eigene Zeichnungen in die gedruckten Bilder und Texte zu kritzeln. Die so «bearbeiteten» Bücher waren denn auch kaum vom Besitzerwechsel betroffen, was der besagte Lehrer in Ordnung fand. Ja, er ging so weit, Lob oder Tadel in Versform zu verbreiten. Was dem Lob keinen Abbruch tat und dem Tadel die mögliche Kränkung nahm. Dieser Mann, selbst ein begeisterter Illustrator, war jeweils gerührt, wenn wir neben unseren

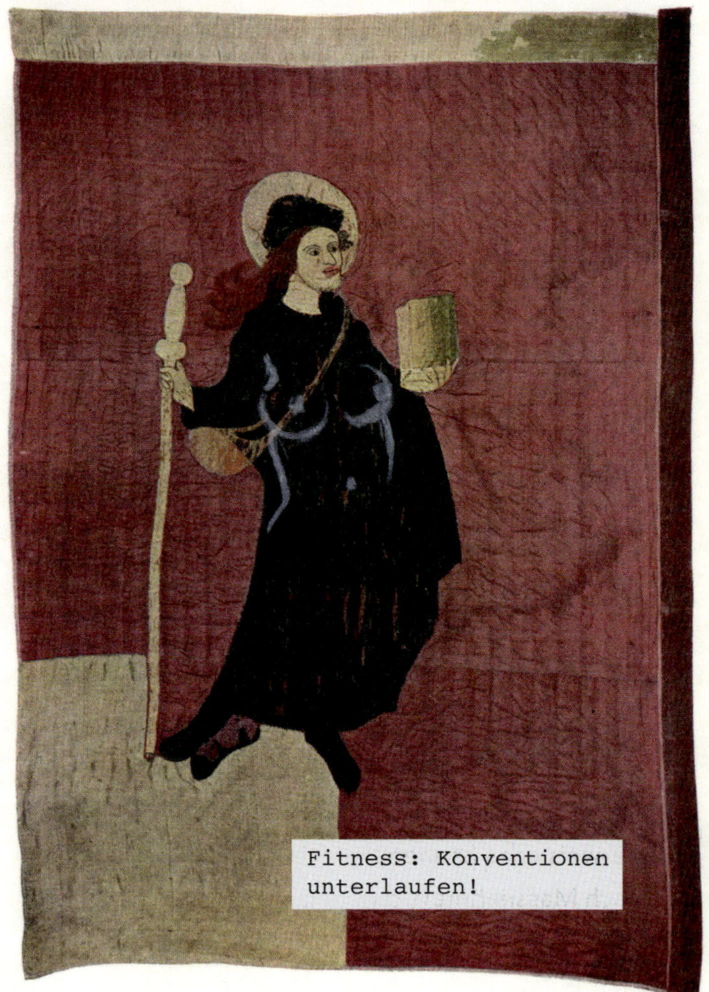

Fitness: Konventionen unterlaufen!

unbeholfenen Strichmännchen seine Lehrmeinung – in seiner Versform – in unseren Schulbüchern verewigten.
Dieser Lehrer wurde von seinen Berufskollegen (wenn es gut ging) mit Nachsicht behandelt, da sie nicht begriffen, was es heisst, den Lernenden Vorschusslorbeeren zu schenken.

Motivationspädagogik

Damals, als 12-Jährigem, war mir noch nicht klar, welchen Nutzen ich aus dieser Haltung meines Lehrers als Lehrender an der Hochschule ziehen würde. Dass ich mich wieder an ihn und seine Grundhaltung erinnerte, verdanke ich einer Studentin. Sie beschwerte sich darüber, dass meine Lehrbücher zwar kostengünstig, aber keineswegs billig seien. Meinen Hinweis, dass die Bücher lediglich empfohlen und nicht obligatorisch zu beschaffen seien, tat sie mit dem Hinweis «das kennen wir» ab. Darum suchte ich nach Massnahmen, die meinen Lehrbüchern einen Mehrwert geben sollten.

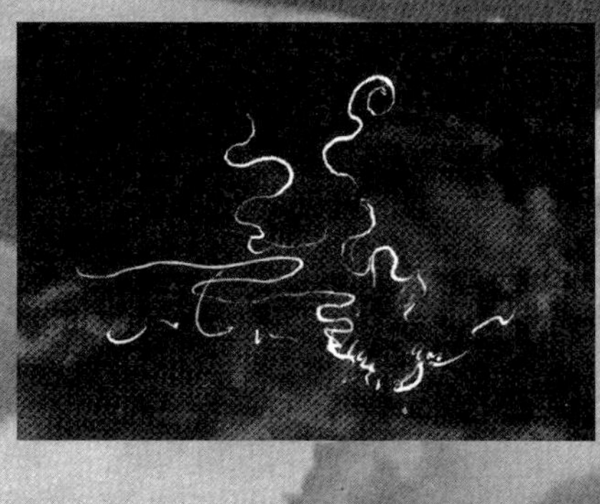

Ein Lehrer muss die Rauchzeichen seiner Schüler deuten, um in ihnen das Feuer zu entdecken.

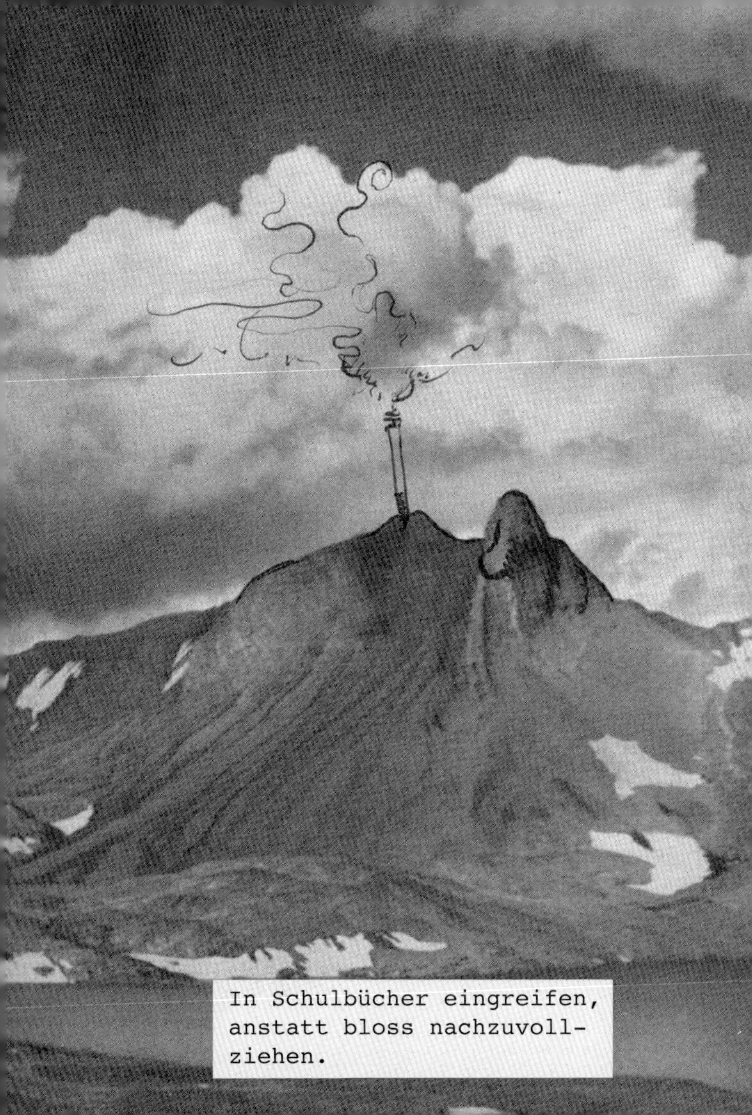
In Schulbücher eingreifen,
anstatt bloss nachzuvoll-
ziehen.

Die Lehrmittel selber gestalten

Den Studierenden empfahl ich ab 1982, die von mir abgegebenen Unterlagen mit eigenen Zeichnungen und Kommentaren zu versehen. Diese würde ich dann, wenn von ihnen nicht mehr benötigt, käuflich erwerben. Ein Vorschlag, den ich damals recht leichtsinnig machte. Als ich nach der Studienzeit die mit Skizzen ergänzten Unterlagen der Studenten näher betrachtete, musste ich eine grosse kreative Bereicherung und Individualisierung der Lehrbücher zur Kenntnis nehmen. Und: Die Studierenden wollten Ihre Bücher nun nicht mehr hergeben. (Zugegeben, ich bekam nur Resultate zu sehen, die von den Urhebern zu Recht mit Stolz gezeigt wurden.) Dass viele meiner Assistentinnen und Assistenten meine Bücher ebenfalls überarbeiteten, hielt sie nicht davon ab, ihre eigenen Ideen zu nutzen. Ihre Beratertätigkeit bei den Studierenden wurde dadurch kompetenter, gerade durch die Freiheit, die sie im Zusammenhang mit den Bildinterpretationen in Anspruch nahmen.

Fehler, Fragen und Korrigieren als Motiv

Anekdoten dienen meist dazu, den Bogen aus der Vergangenheit in die Gegenwart zu spannen. Die Vergangenheit ist belegbar und damit erzählbar. Dabei ist niemand gefeit davor, die eigenen Erfahrungsberichte willentlich ins rechte Licht zu rücken. Was dabei leicht vergessen wird, ist die Notwendigkeit der unablässigen Korrektur, die sinnvoll ist, um die Erfahrungen letztlich als «richtig» erscheinen zu lassen. Entwerfen und Korrigieren sind nicht nur in der Sprache ständige und sich bedingende Prozesse. Das eine ist ohne das andere nicht möglich. Der Radiergummi wird beim Zeichnen verschämt eingesetzt und «falsche» Meinungen lassen wir gerne verschwinden. Das Korrigieren muss einen neuen Stellenwert erhalten, die Bereitschaft dazu muss Teil des Gestaltungsprozesses sein. Bei Bildern stellt sich dennoch die Frage, was ist falsch und was gilt als richtig. Der Sprachduden ist nicht übertragbar auf einen Bilderduden, weil hier Ihr Auge die Entscheidungen trifft, was richtig ist.

Hier bahnen sich Veränderungen an, die eine sprachübergreifende Nachfrage garantieren. Emojis sind universell.

Die eigene Nachfrage

Eigeninitiative und die dazu notwendigen Zeitreserven, um den Eigensinn zu pflegen, werden unumgänglich, Eigeninitiative wirkt motivierend. Autodidaktisches Lernen müsste fächerübergreifend angestrebt werden. Vieles von dem, was wir gerne hätten, findet sich nicht auf den Lehrplänen. Was vorerst mangelhaft anmutet, ist jedoch genau unsere Chance. Kein Lehrer empfahl mir Gestalterpersönlichkeiten, die gerade angesagt waren. Keiner meiner Lehrer vermittelte zwischen moderner Literatur und Kunst oder erklärte uns Gemeinsamkeiten von dem «Alten» und dem «Neuen», damit die Konstanten für uns Lernende besser erkennbar würden.
Die Hinweise auf diese oder jene Modeerscheinung wirken zwar wertend, zielen aber letztlich auch darauf, unsere Neugierde zu pflegen und zu

steigern. Auch «ewige Wahrheiten» waren einmal nur der «letzte Schrei». Die Schulen kommen nicht darum herum, ihre Grundlagenfächer zu erweitern durch drei Hauptfächer:
1. Bildnerisches Denken (siehe S. 22/23).
2. Lernen als Autodidakt (die wichtigste Schule neben den Schulen).
3. Kreativität im Teamwork.
In meiner letzten Publikation «Notizen zur Fotogestaltung» schrieb ich zum Schluss: «Zum studierten Autodidakten werden Sie, wenn Sie dieses Büchlein umfunktionieren, indem Sie die Seiten als Sudelhefte und Skizzenbuch für Ihre eigenen Gedanken brauchen.»

So viel Geschichte muss sein

Marcel Duchamp, der Meister der Innovation, der Trivialität und der Kunstverstrickungen, des Humors und der Ideenkunst, überzeichnete 1919 eine Kopie von da Vincis Mona Lisa mit einem neckischen Schnauz über den Lippen. Aber, wie es so ist mit einmaligen Ideen, auch

Fortsetzung Seite 24

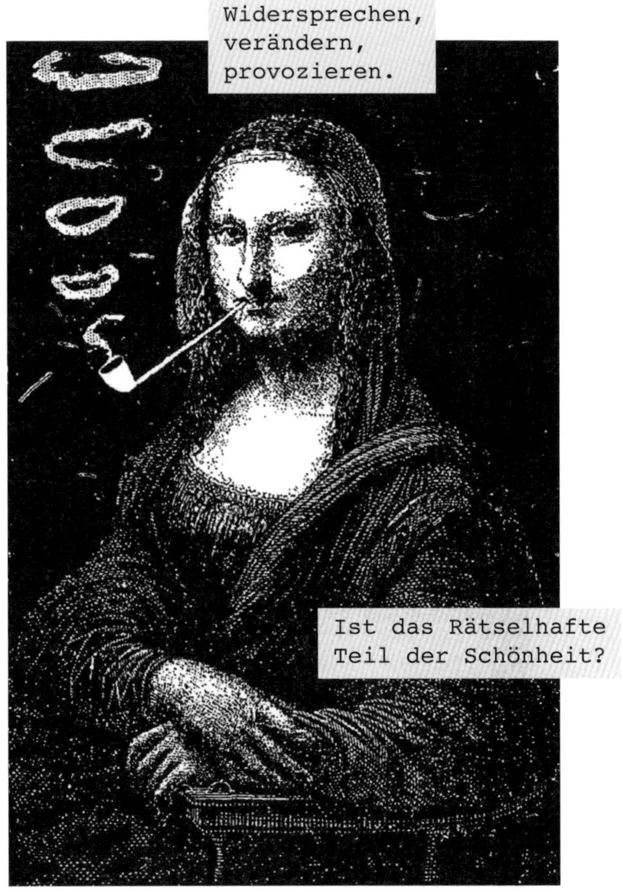

Arthur Sapeck, 1887

Die Erinnerung ist unser grösstes Bildarchiv.

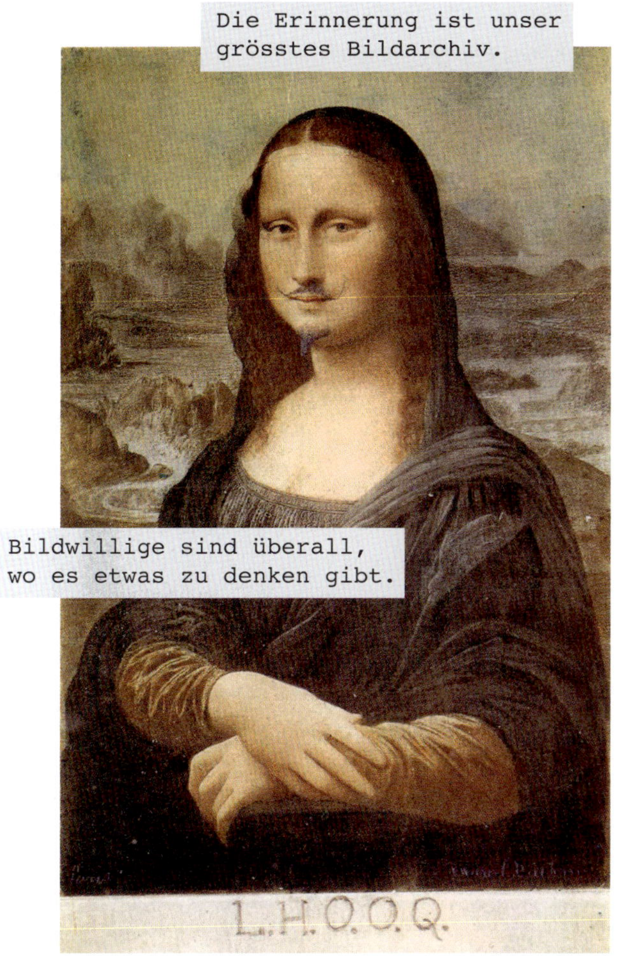

Bildwillige sind überall, wo es etwas zu denken gibt.

Marcel Duchamp, 1919

sie haben eine Ausgangslage. Schon 1887 parodierte ein anderer dieses Bild. Eugène Bataille, genannt Arthur Sapeck, gestaltete «La Jaconde fumant la pipe», die pfeifenrauchende Mona Lisa war also die direkte Ideenquelle für Duchamps Mona Lisa. Auch der Dadaismus hatte seine unmittelbaren Vorgänger, die «Arts incohérents», die sich bereits im ausgehenden 19. Jahrhundert gegen die herkömmliche, etablierte Kunst wandte. Der Gründer dieser Bewegung, Jules Lévy, organisierte Ausstellungen mit humoristischem Hintergrund. Z.B. «… Zeichnungen von Leuten, die nicht zeichnen können …». Die Bewegung mag kurz gewesen sein (1882 – 1896), jedoch ihr Einfluss, etwa auf Ready-mades, Kabarett oder auch Kunstwerke mit satirischem oder humoristischem Hintergrund dauert bis heute an. (Ich meine: «Wenn unbeholfene Liebe Liebe ist – warum sollten ungelenke Zeichnungen keine Kunst sein?») Künstler wie Dieter Roth (überzeichnete Bücher), André Thomkins (Zeitungen),

Arnulf Rainer (Fotos) und Erwin Wurm (Fotos) beweisen, wie man Bestehendes weiterentwickeln kann, um Neues – vielfach erst im Nachhinein – zu entdecken. Das Neue ist häufig älter, als wir wahrhaben wollen. Ideen sind Freelancer, die zwischen den Zeiten wirken. Manchmal gestern, manchmal heute und – vielleicht auch morgen.

Üble Nachrede

- Kreative dulden keine Vorlagen.
- Vorgaben sind stupid, Anwenden von Bestehendem verpönt.
- Form und Farbe sind als isolierte Vorgaben verboten.
- Nachahmung ist verboten.
- Das Recht auf Bildung hat mit Bildwissen nichts zu tun (oder höchstens am Rande).

So weit, so falsch ...

Was zu bedenken wäre: Dialog!

- Jedes Bild hat viele Vorbilder.
- Die Co-Autoren der Bilder sind ihre Betrachter.
- Bilder deuten an, die Ergänzungen sind bei den Betrachtern individuell vorbereitet (auch sie haben ihre eigenen Vorstellungen).
- Wo Worte fehlen, helfen vielleicht Bilder.
- Man kann Bilder abschreiben.
- Vorbild und Nachbild sind verwandt.
- Wir lesen bekanntlich zwischen den Zeilen, dies ist auch bei Bildern der Fall durch unsere Interpretation.
- Vom Hörensagen muss angenommen werden, dass es bildhaft ist.
- Ich mache mir ein Bild.

Spielwiesen

Im Büchlein erwarten Sie mehrere Doppelseiten, die Sie verändern können.

Ihre Seiten. Ihre Probeblätter. Ihr Bildreisetagebuch. Ihre Notizen- und Spurenprotokolle. (Die Angebote erlauben es Ihnen, die Bilder aus ihrem angestammten Umfeld herauszuholen. Sollte Sie auch andere Seiten auf den Kopf stellen, umso besser.)

Diese Seiten haben einige Student+innen und Assistent+innen ebenfalls überarbeitet, in sie eingegriffen und sie verändert. Ich hoffe, dass auch Sie die Anregungen nutzen, um mit Ihrem Eigensinn zu entdecken, dass Sie mehr als fünf Sinne haben.

Zurück zu den persönlichen Bildern

Wahrnehmungsschulung wird zwar überall betrieben, aber doch eher dem Wildwuchs überlassen. Wer zur Eigenhilfe neigt, entdeckt Schule auch ausserhalb der offiziellen Schulen. Kinder lernen gern für sympathische Lehrpersonen, Erwachsene dürfen sich selbst sympathisch finden, um Lernfreude zu entwickeln. Ein weiterer Ansporn ergibt sich durch das vermeintliche Unwissen im Umgang mit Bildern. In der Regel gilt ja Unwissen als Makel, in der eigenen Bildschulung aber wird es zum Vorteil, da die Vielfalt von Lösungen angestrebt wird. Die persönlichen Werte von Bildern sind nur für Sie messbar, benötigt werden Zeit und Musse anstelle von Noten. (Vielleicht ist dies mit ein Grund, warum das bildnerische Denken keine Studienabbrecher zu beklagen hat.) Das lebenslange Lernen ist keine Erfindung des digitalen Zeitalters, was neu ist, sind die Umwege, die nicht selten zum Ziel führen. Wer bei Bildern bereit ist, genauer hinzusehen, braucht natürlich mehr Zeit, löst aber einen Dominoeffekt aus, der nicht – wie üblich – linear ist, sondern im Zickzack-Kurs verläuft und damit Gemeinsamkeiten aufweist mit den heutigen Kulturtechniken. Sie sehen nicht nur Bilder, Sie betreten sie, und dort angelangt, liegt es an Ihnen, selber Hand anzulegen.

Hin und her

Mit Bildern lässt sich sehr gut ein Meinungsaustausch anzetteln. Die wuchernden Eigenschaften, die Bildfragmenten anhaftet, ermuntern dazu, dass Entscheide stattfinden, ob die verschiedenen Betrachtungsweisen bereichern oder eher erschweren.
Den frischen Blick auf Altbekanntes wagen, mit der Absicht, Unbekanntes dabei zu entdecken, ist ein wichtiger Ansporn, dabei kann ein kleines Stück Papier schon hilfreich sein. Der Digitaloptimismus versprach uns einst eine papierfreie Zukunft, hier antizyklisch zu reagieren ist zwar nicht papierfrei, Ihr Einfallsreichtum steht dafür aber unter Datenschutz.

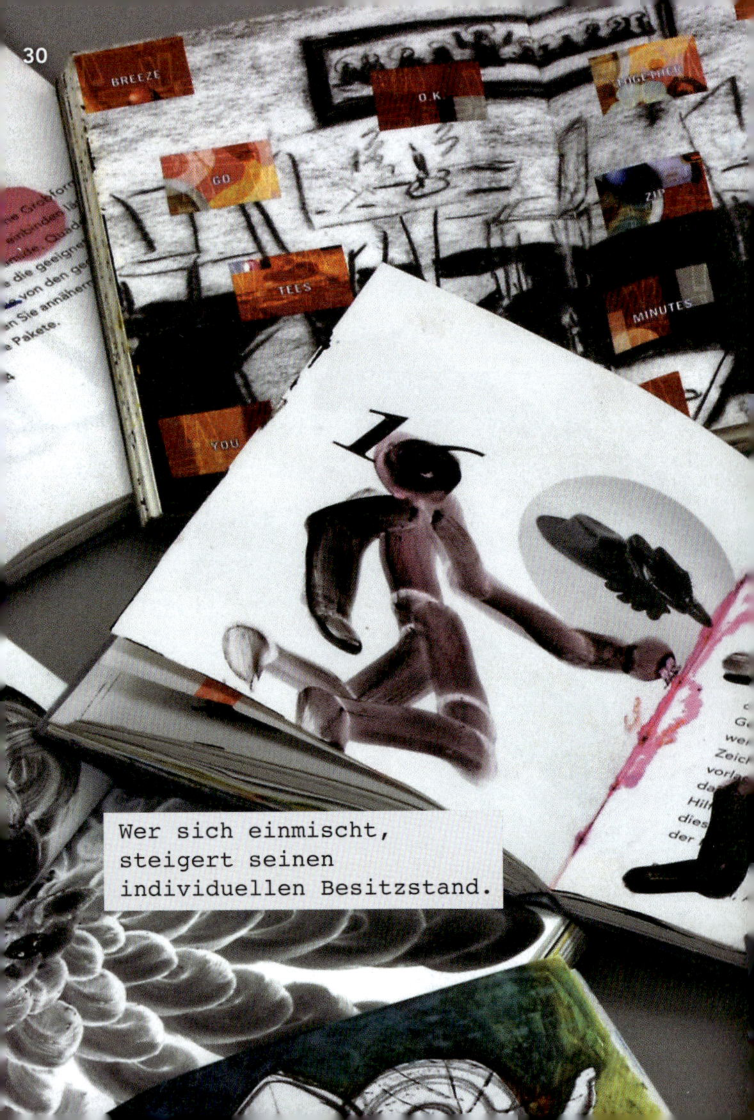

Wer sich einmischt,
steigert seinen
individuellen Besitzstand.

14
FONDATION GIANADDA
auch fantasievolle Ab-
dabei erstrebenswert sein.
mente (benutzen Sie Foto-
Tasten

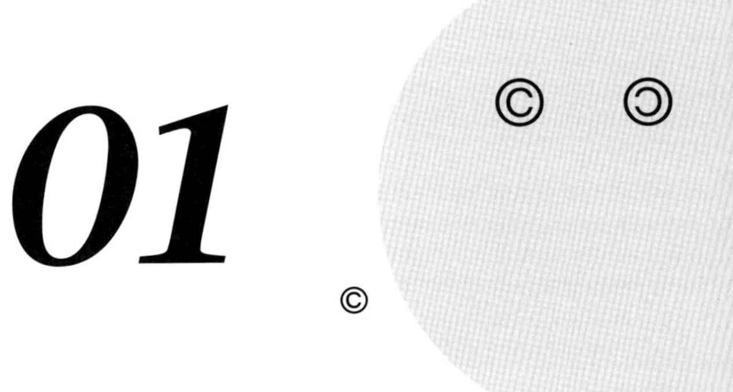

Erfinden im Nachhinein

Jede gestalterische Überlegung hat bewusste oder auch unbewusste Quellen. Die Helfer, die zu überraschenden Leistungen führen, werden häufig im «verschwiegenen Netzwerk» endgelagert, was nichts, aber gar nichts daran ändert, dass dieses Netzwerk existiert. Individualität lässt sich durchaus bündeln, selbst Ideen kennen ein Kollektiv, das auf Verbindungen basiert.

Zeichnen Sie weiter an
den grafischen Elementen.
Mittel: Grafik

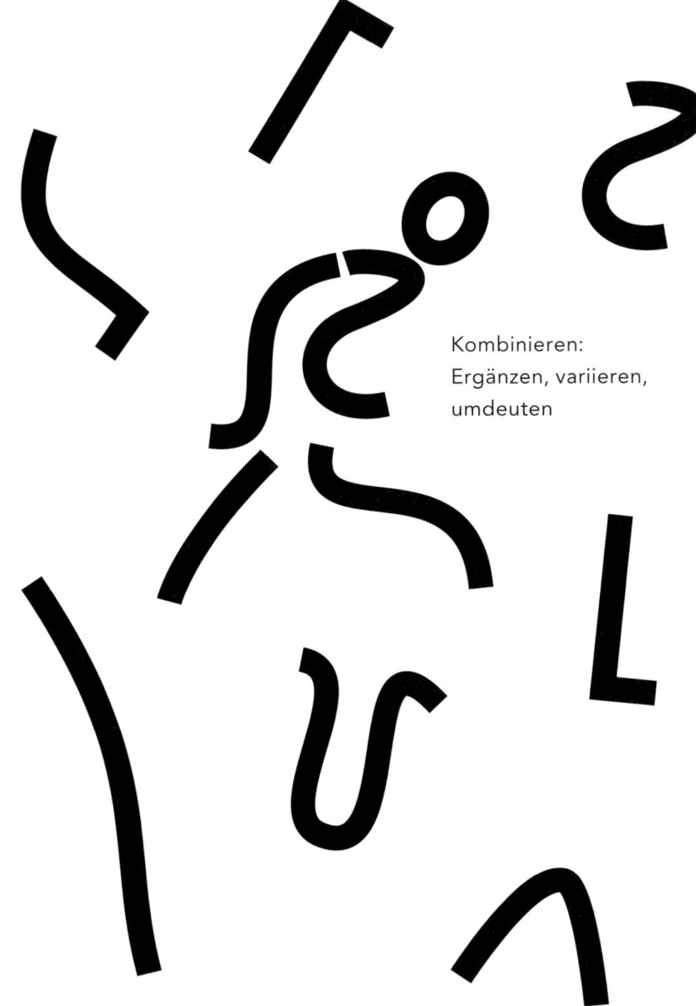

Kombinieren:
Ergänzen, variieren,
umdeuten

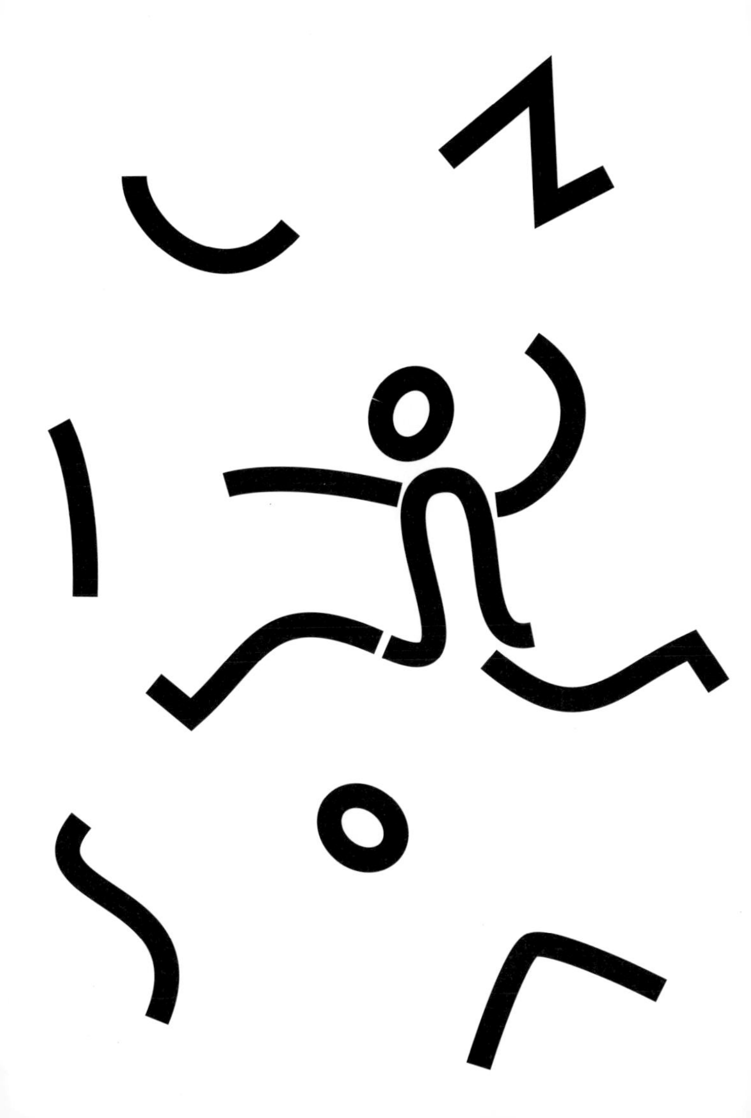

CHICAGO BAR

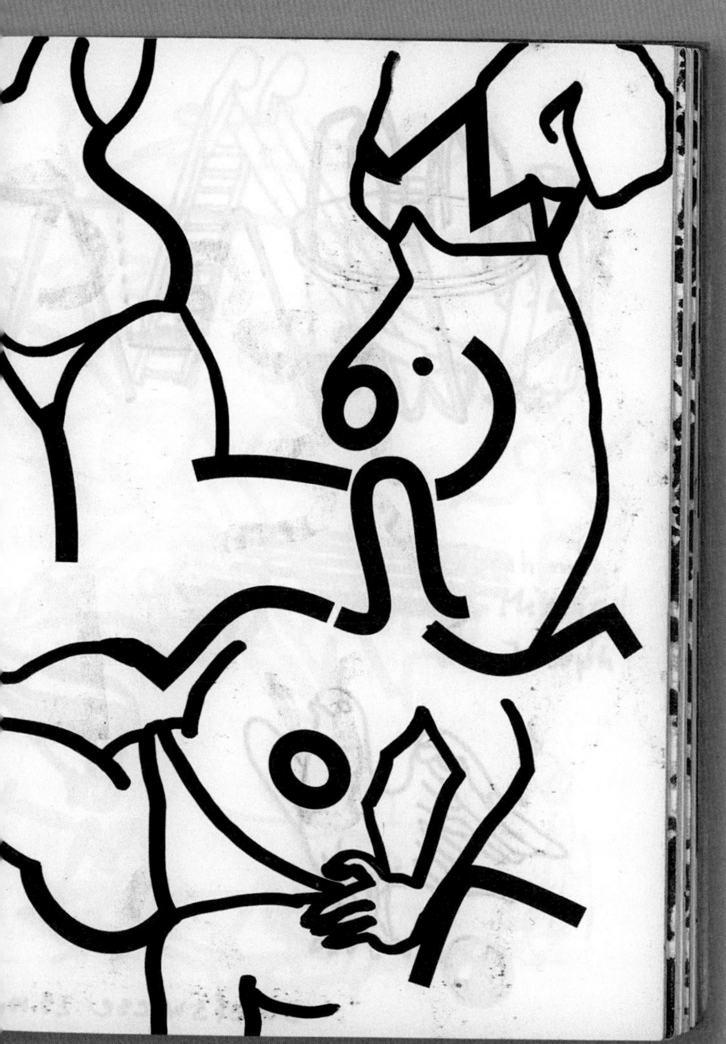

02

Bildnerisches Denken

Die Angst vor der weissen Fläche ist ein Gefühl, das viele Erwachsene daran hindert, selbst Hand ans Zeichnungsblatt zu legen. Die Leere kann bedrohlich wirken, da alles – und damit zu viel – offen ist. Die Möglichkeit, auf Vorhandenes zu reagieren, sei dies zustimmend oder ablehnend, interpretierend oder ignorierend, gibt Kopf und Auge Halt. Ein Kollektiv bildnerischer Angebote lädt ein, um weiter zu denken.

Wählen Sie aus dem folgenden Angebot eine Pose aus und interpretieren Sie diese.
Mittel: Fotografie und Zeichnung

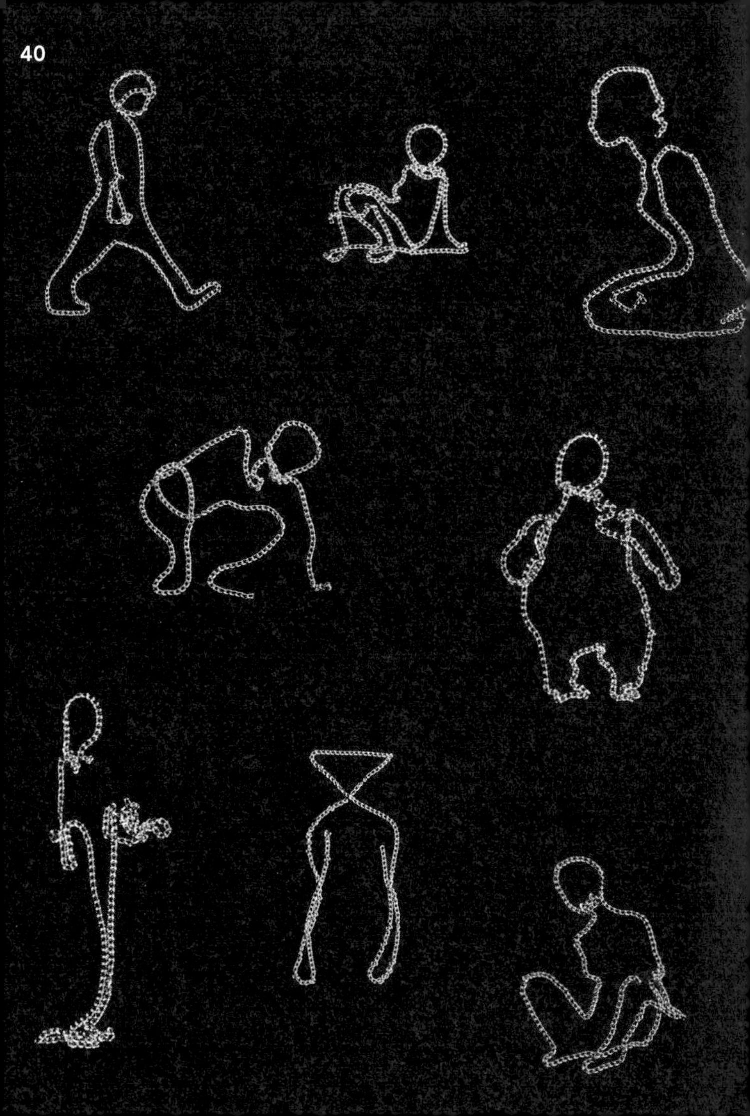

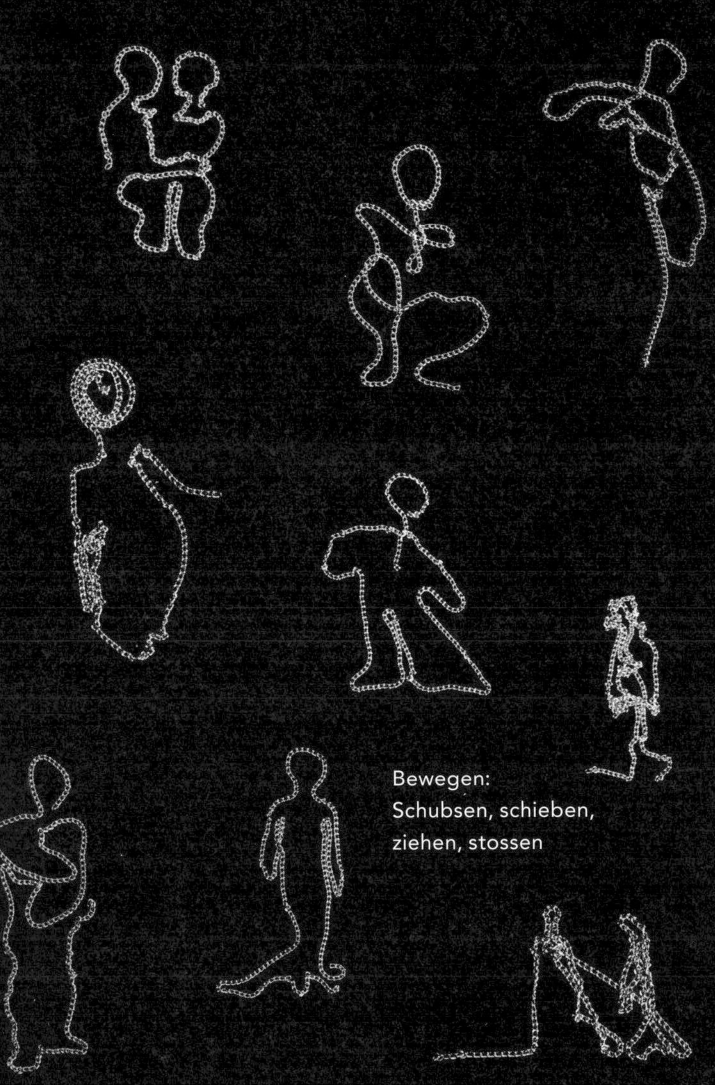
Bewegen:
Schubsen, schieben,
ziehen, stossen

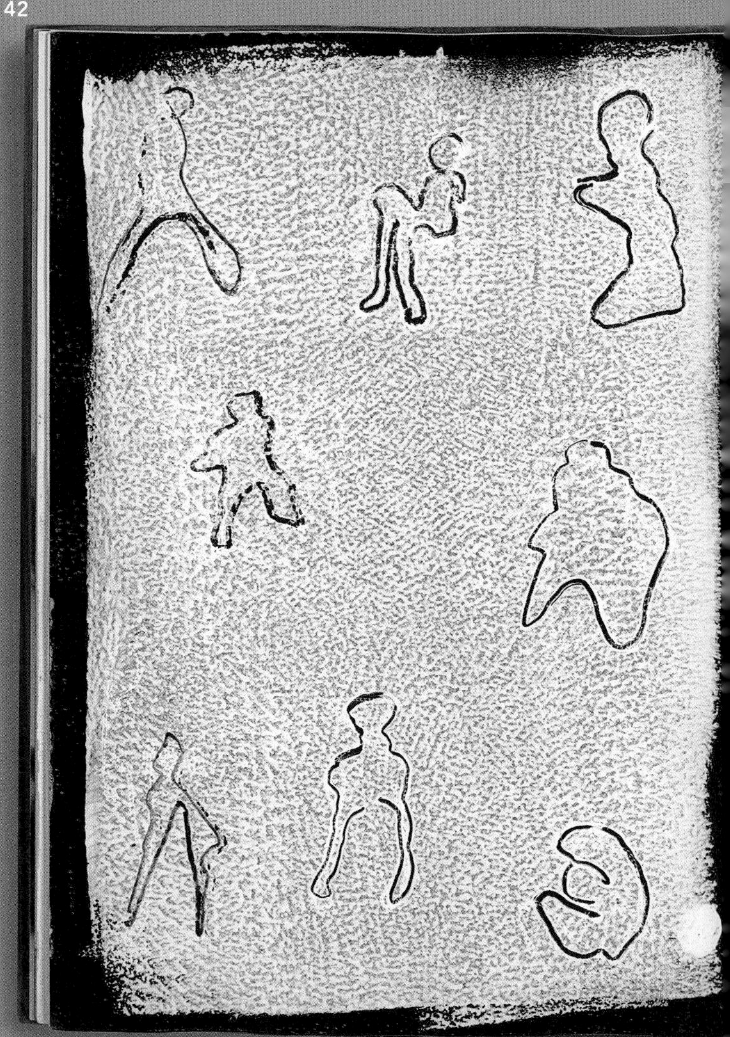

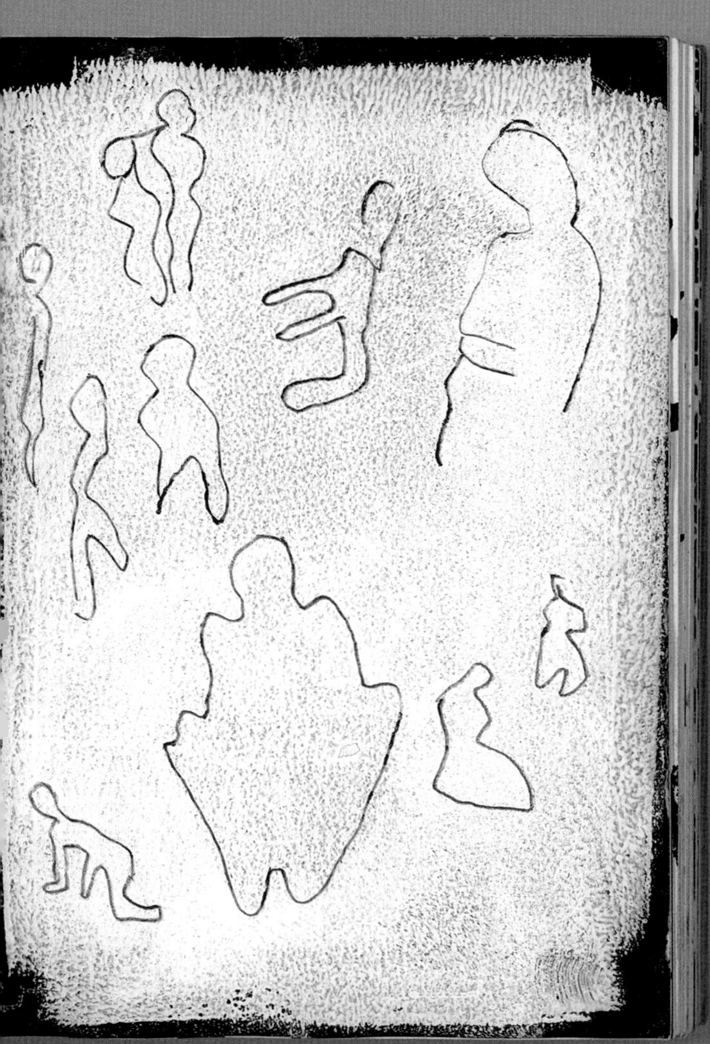

03

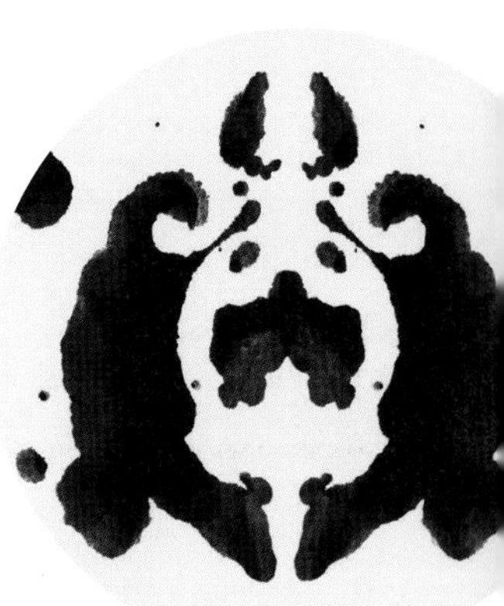

Wo bleibt der Zusammenhang?

Wenn Sie nicht auf Anhieb den «roten Faden» erkennen können, ist dies nicht weiter schlimm. Der Zusammenhang ergibt sich aus Ihrer Zusammenarbeit mit den gebotenen Anregungen aus den Vorlagen, die Sie überzeichnen und verändern. Zufällige Bildangebote variieren Ihr Wahrnehmungsmuster, machen aber auch Ihre Konstanten durch die Veränderungen erkennbar.

Flecken können – bildnerisch – alles werden.
Wählen Sie eine der Formen aus und «erweitern» Sie diese.
Mittel: Freie Wahl

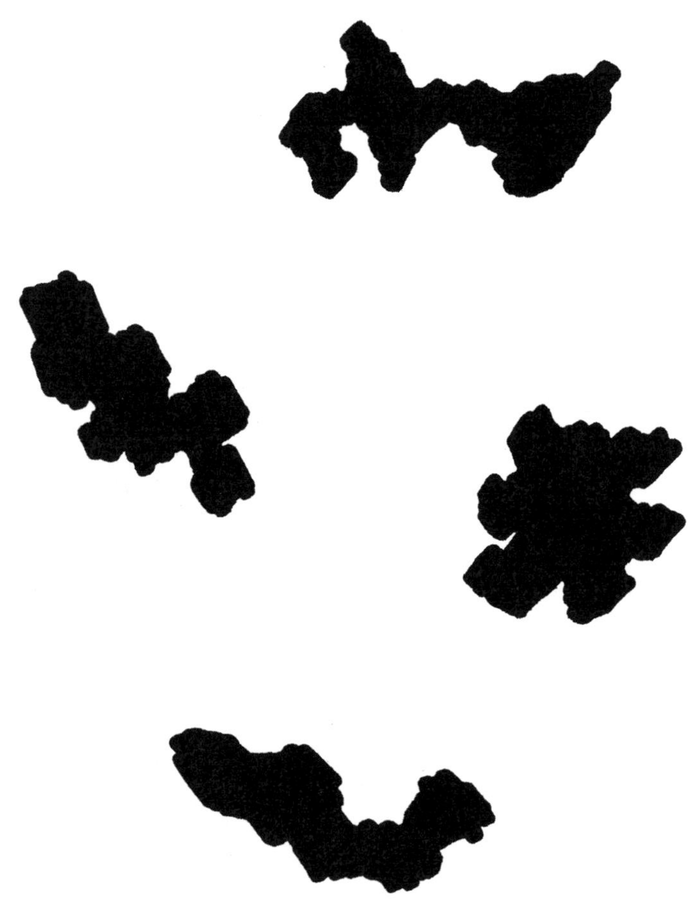

Metamorphosen:
Element, Figur, Farbe, Form

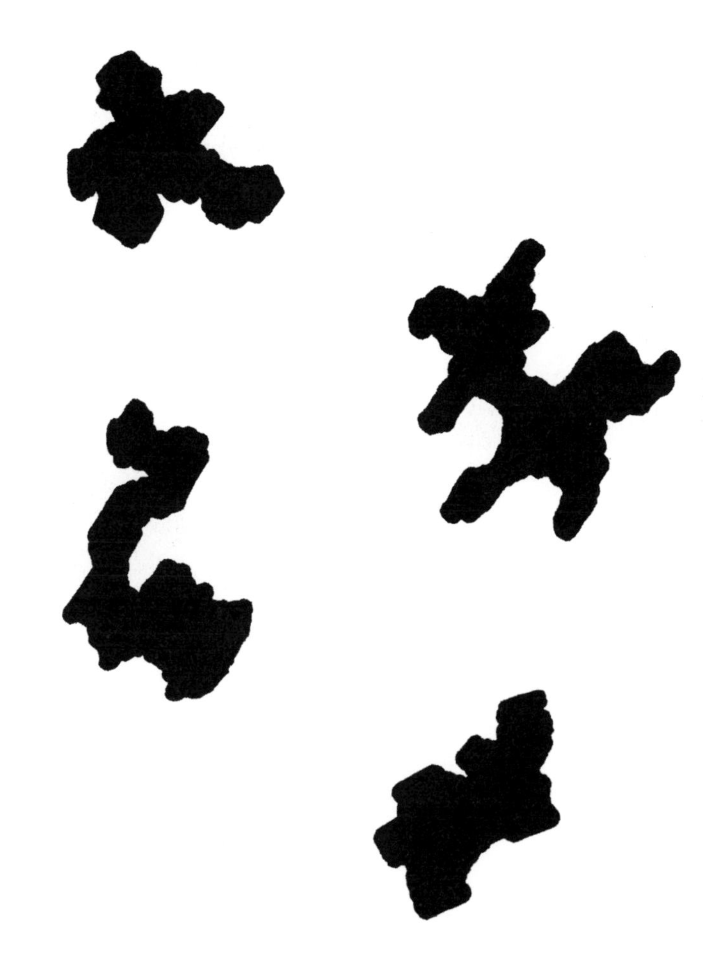

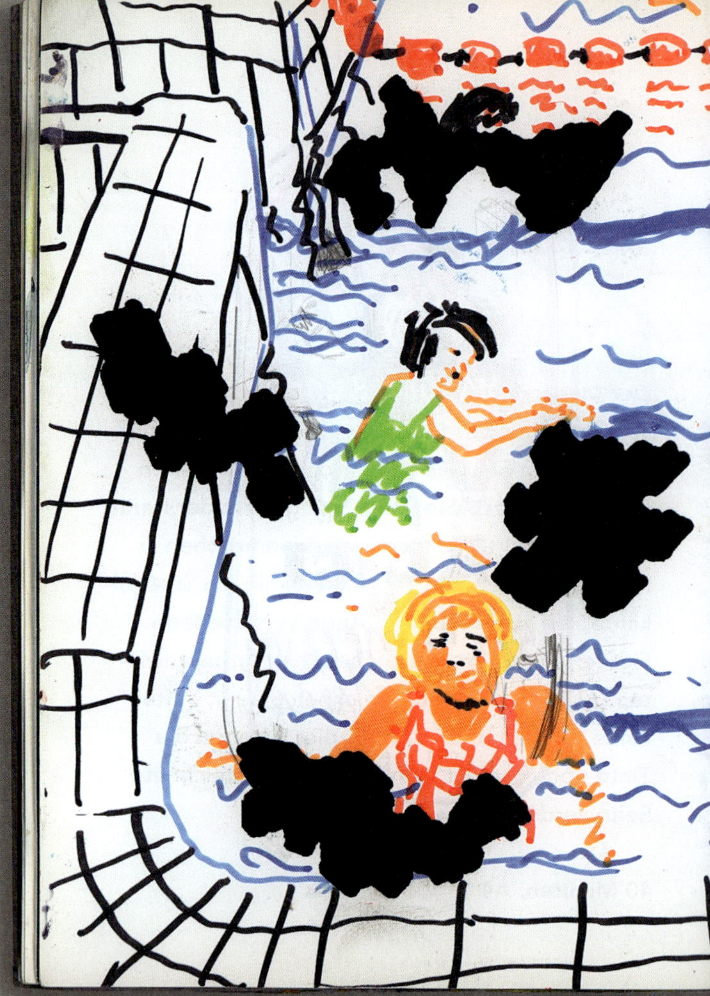

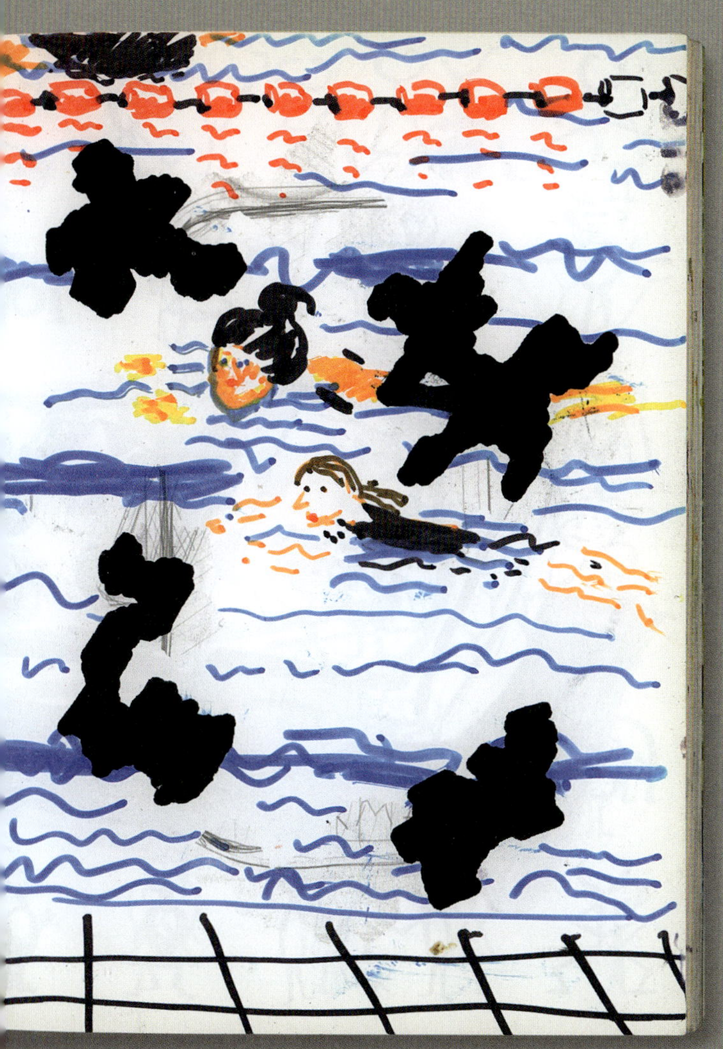

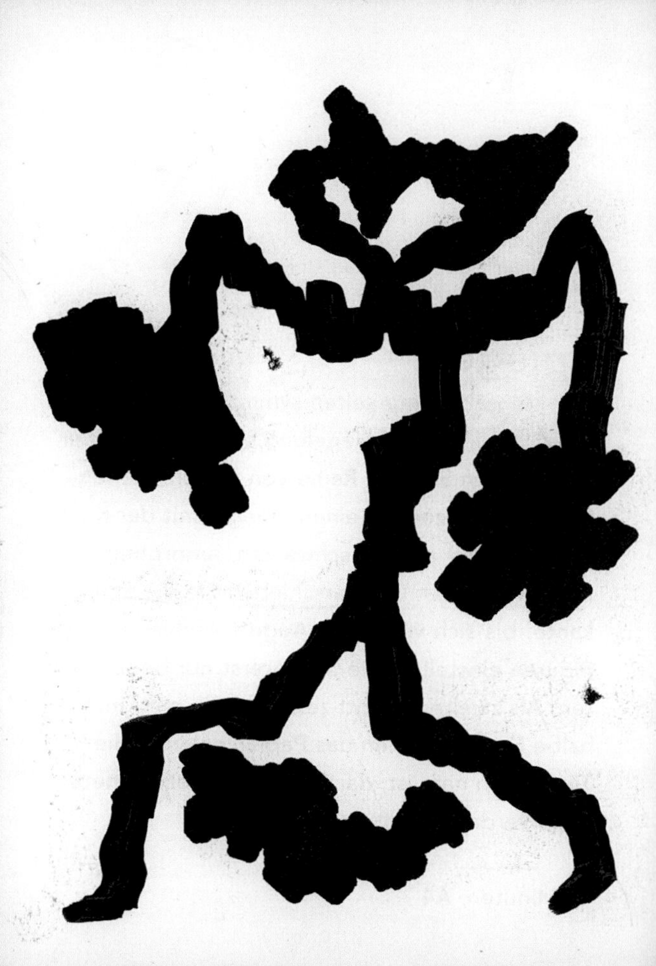

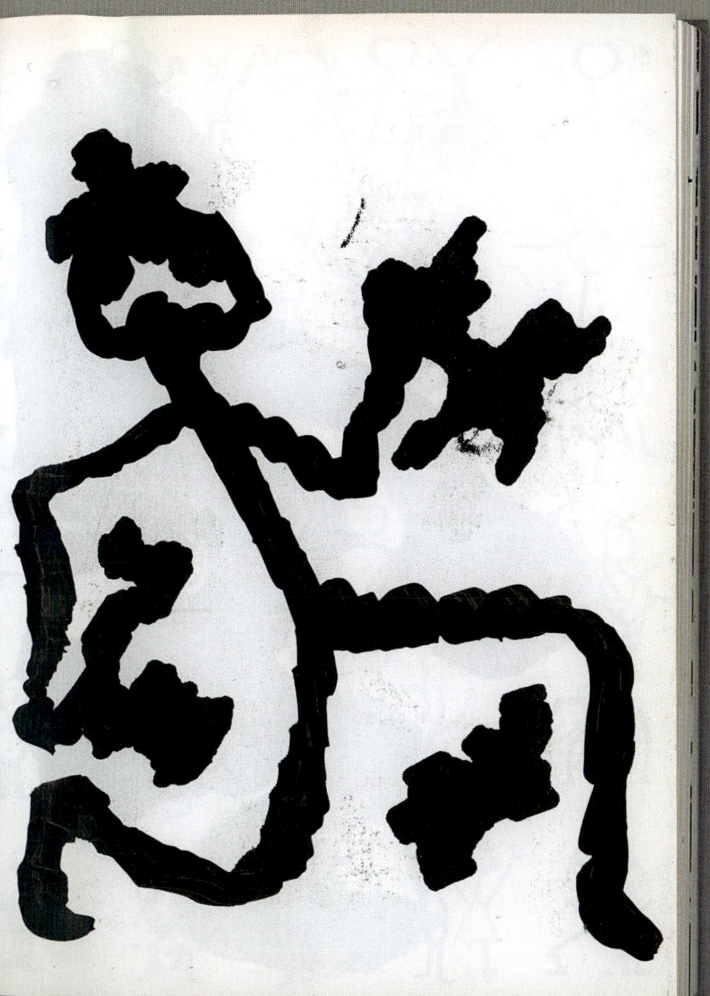

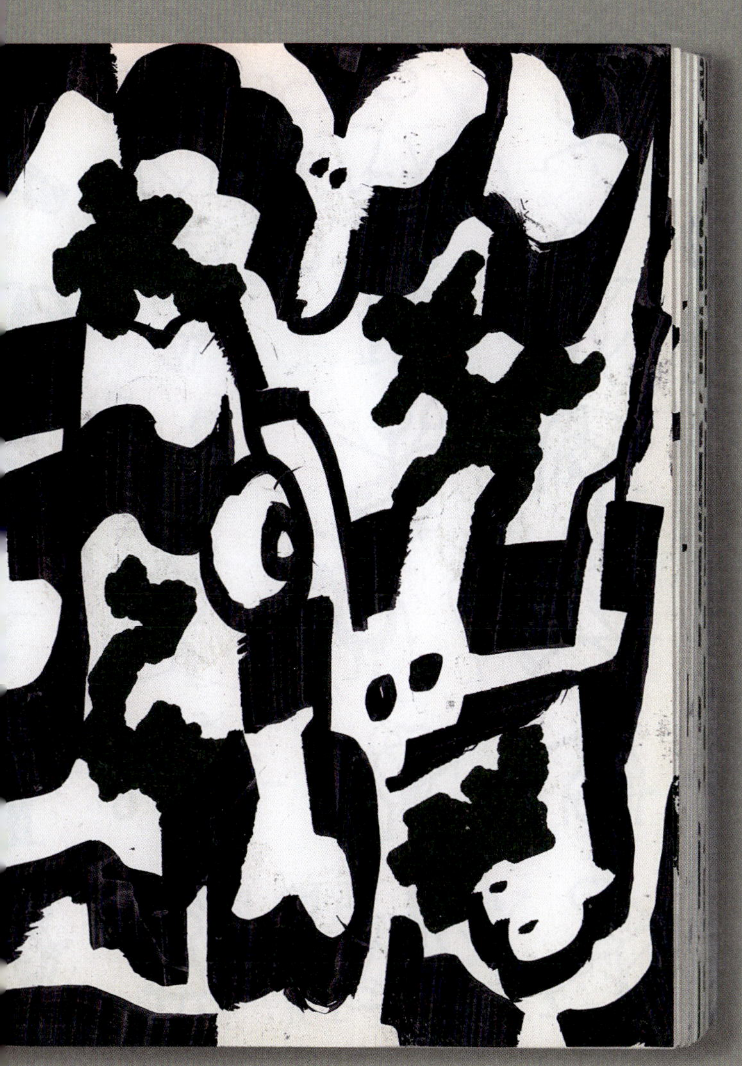

04

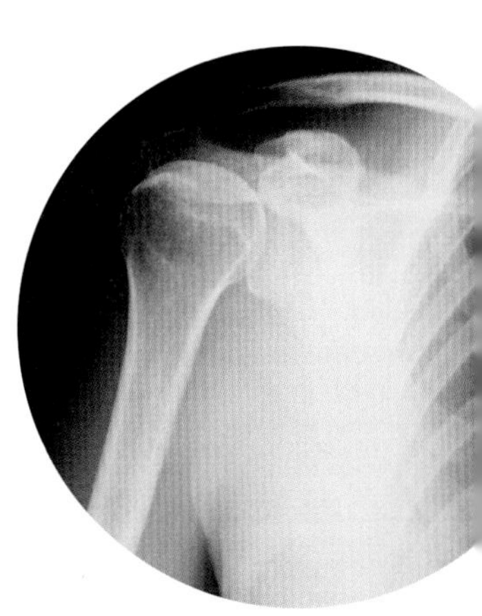

Orientierungspunkte

Im Zeitalter von Google ist das Surfen im Netz eine willkommene Möglichkeit, sich schnell zu informieren. Aber auch Informationen brauchen, nebst der schnellen Abrufbarkeit, Zeit und einen geschützten Raum, um der Intuition, dem Unbewussten Platz zu lassen. Ein Zeichenblatt mit Vorgaben könnte diese Möglichkeit bieten, um bei sich selbst zu sein.

Die angedeuteten Personen, die sich bewegen, laden zum Weiterzeichnen ein.
Mittel: Grafik, Fotografie, Video

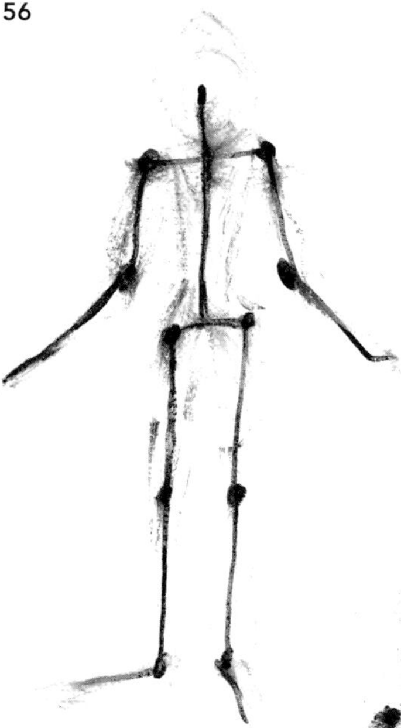

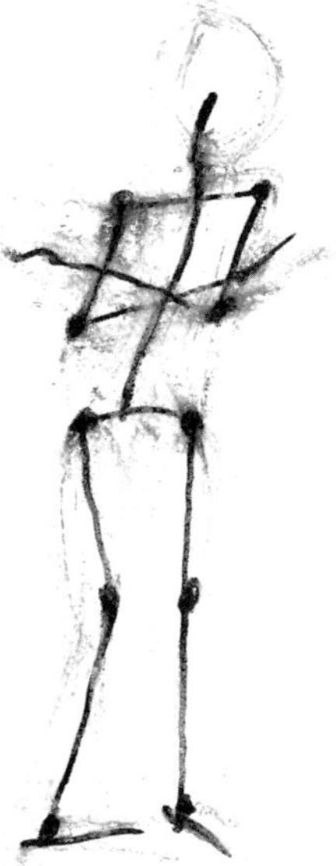

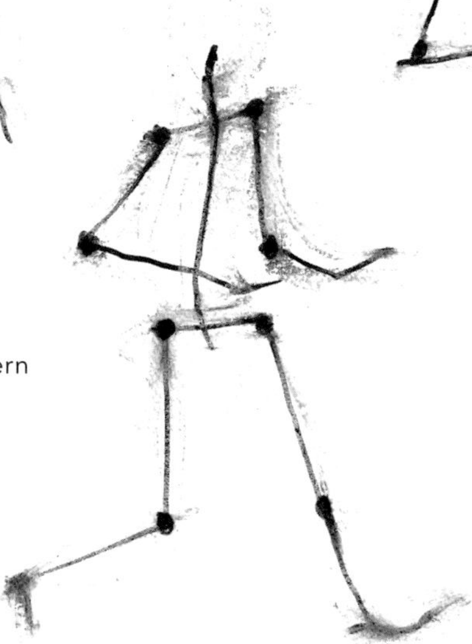

Gelenkpunkte:
Verbinden, verkörpern

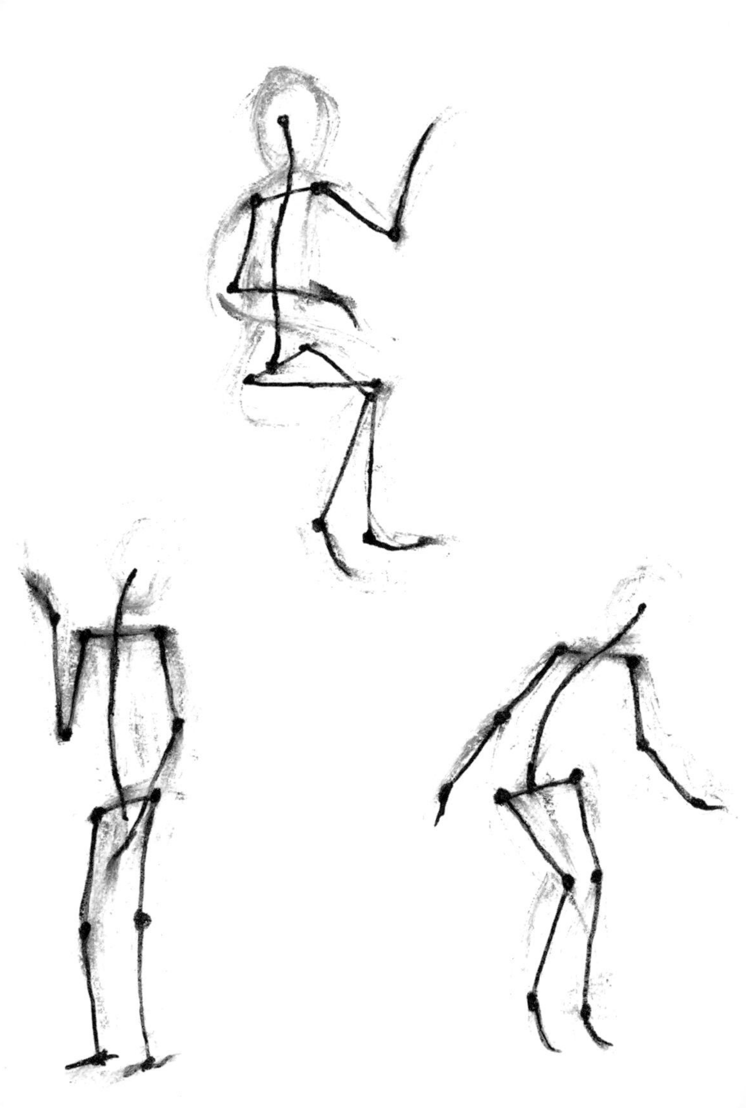

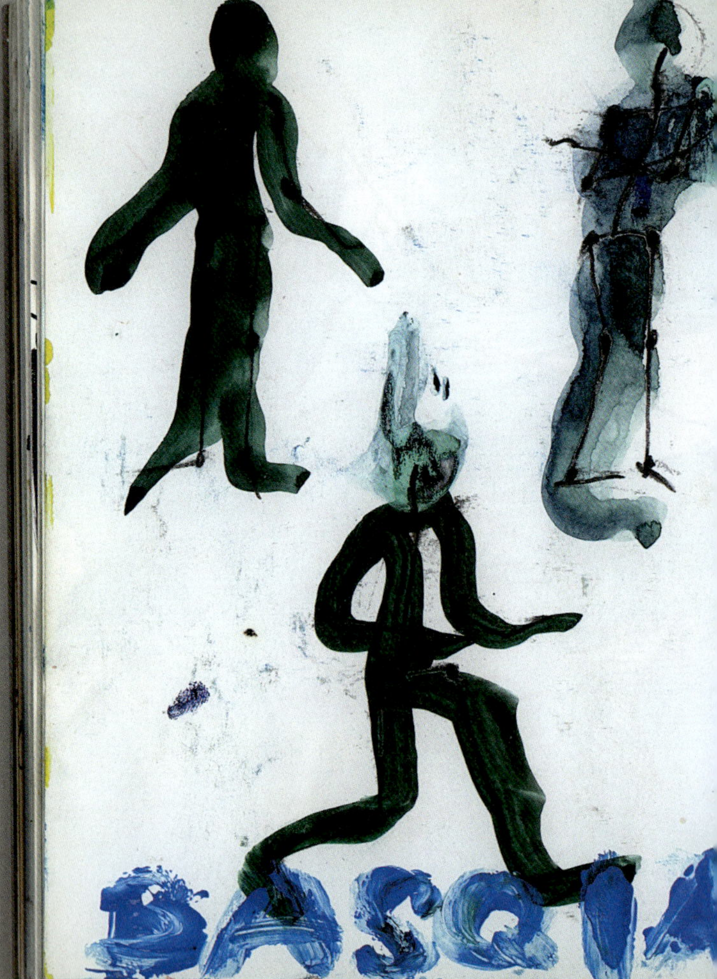

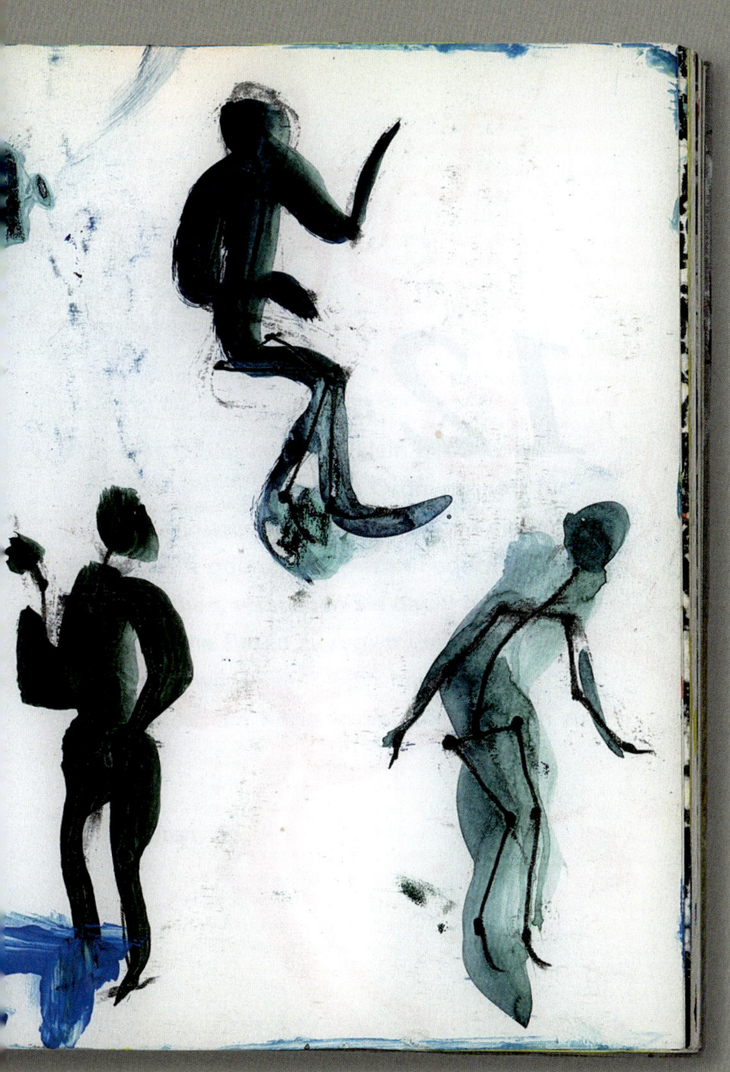

05

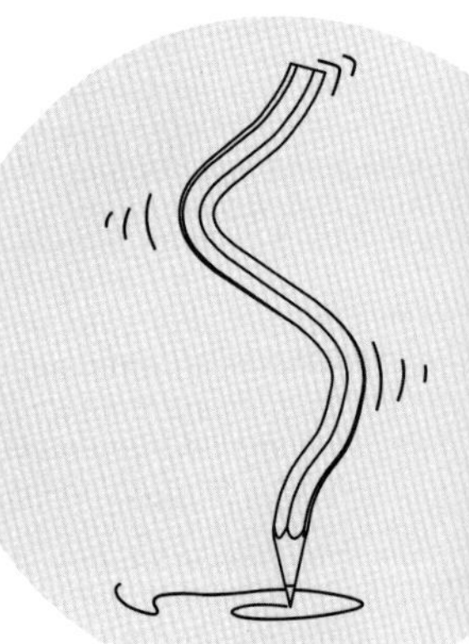

Bewegendes

Die Möglichkeiten, die uns einfache Werkzeuge (Stift, Pinsel, Schere, Papier) bieten, sind handwerklich und haben eine Sinnlichkeit, die bei den digitalen Möglichkeiten ebenfalls dienlich ist. Kopf, Herz und Hand arbeiten simultan und beanspruchen den Zeitaufwand, der unserem Empfinden entspricht. Das anschauliche, analoge Denken bleibt auch im Computerzeitalter äusserst sinnvoll.

Erfinden Sie «bewegte Figuren» für eine der folgenden Posen.
Mittel: Grafik, Fotografie

Bewegungen 1:
Stehen, gehen,
gleiten, fliegen

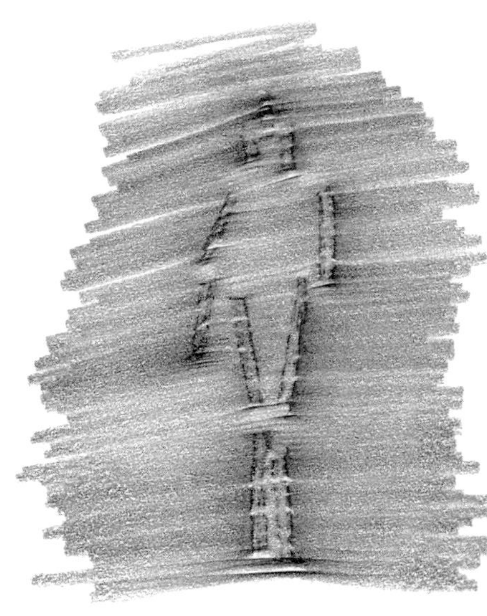

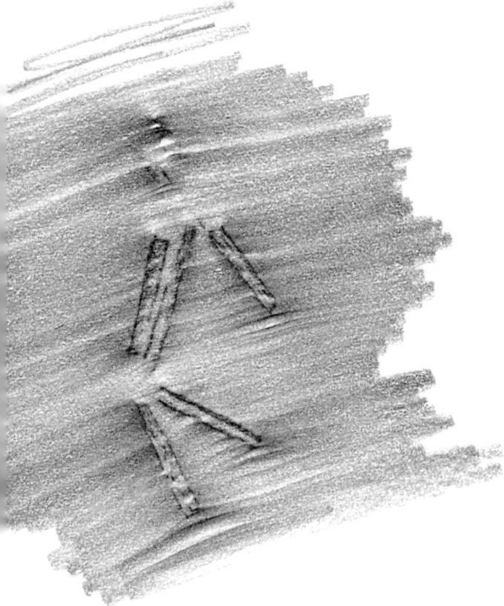

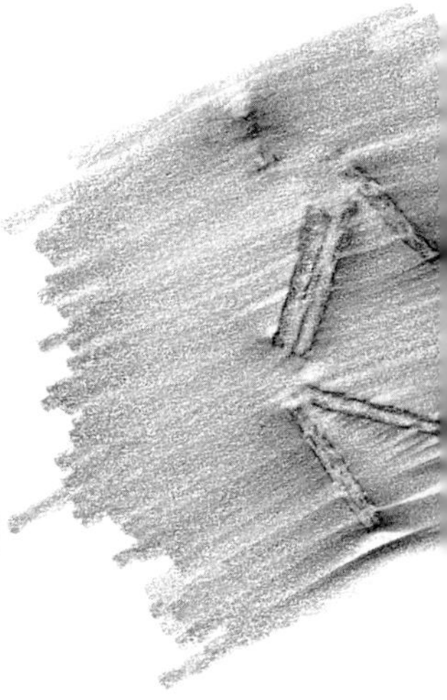

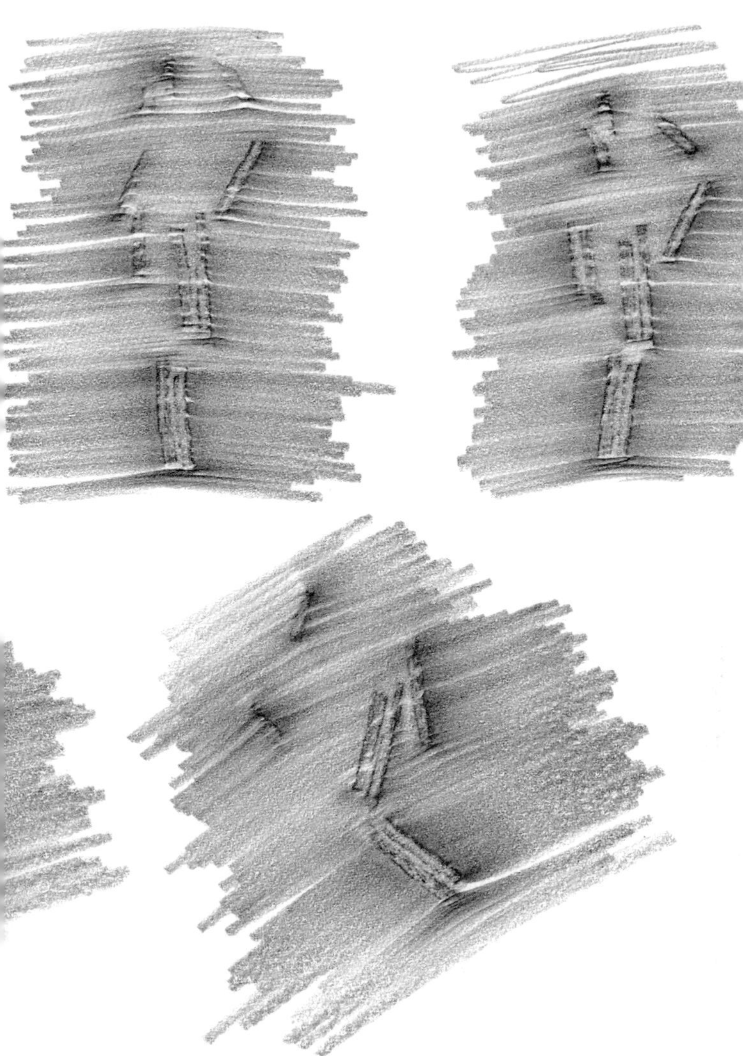

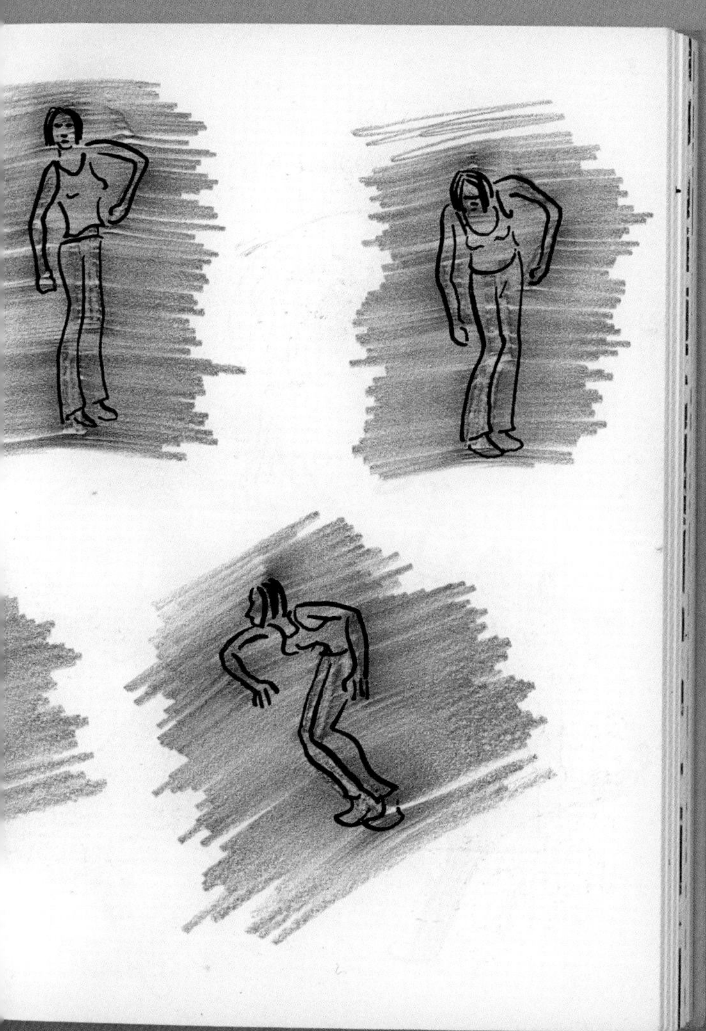

Bewegungen 2:
Tanzen, balancieren, stürzen

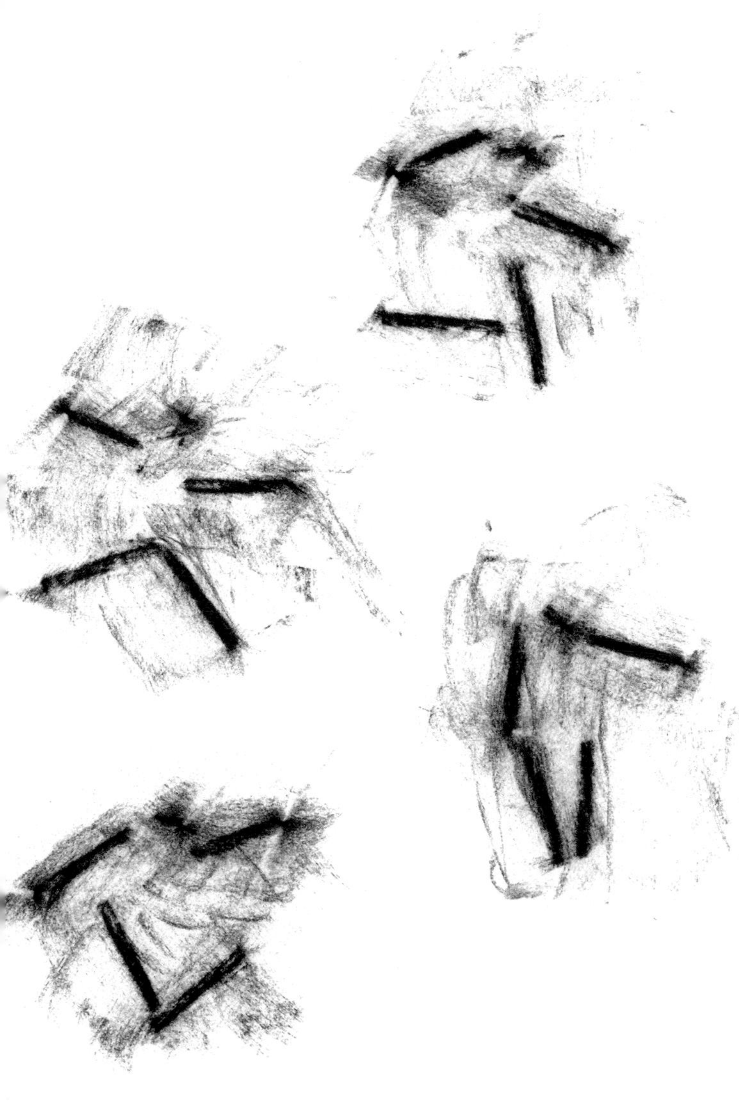

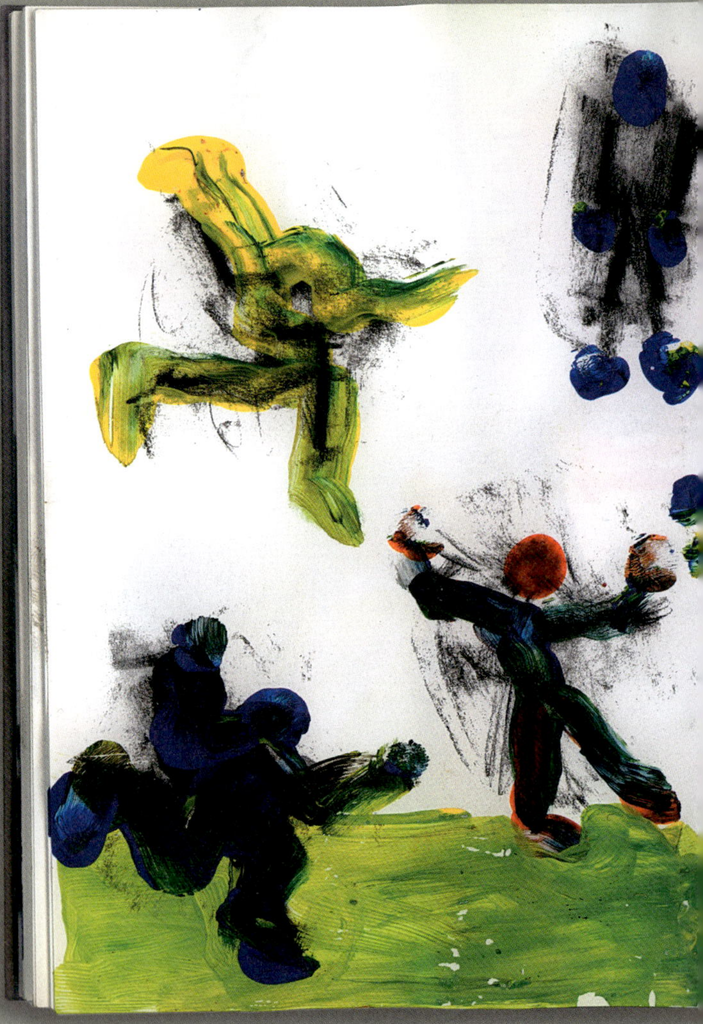

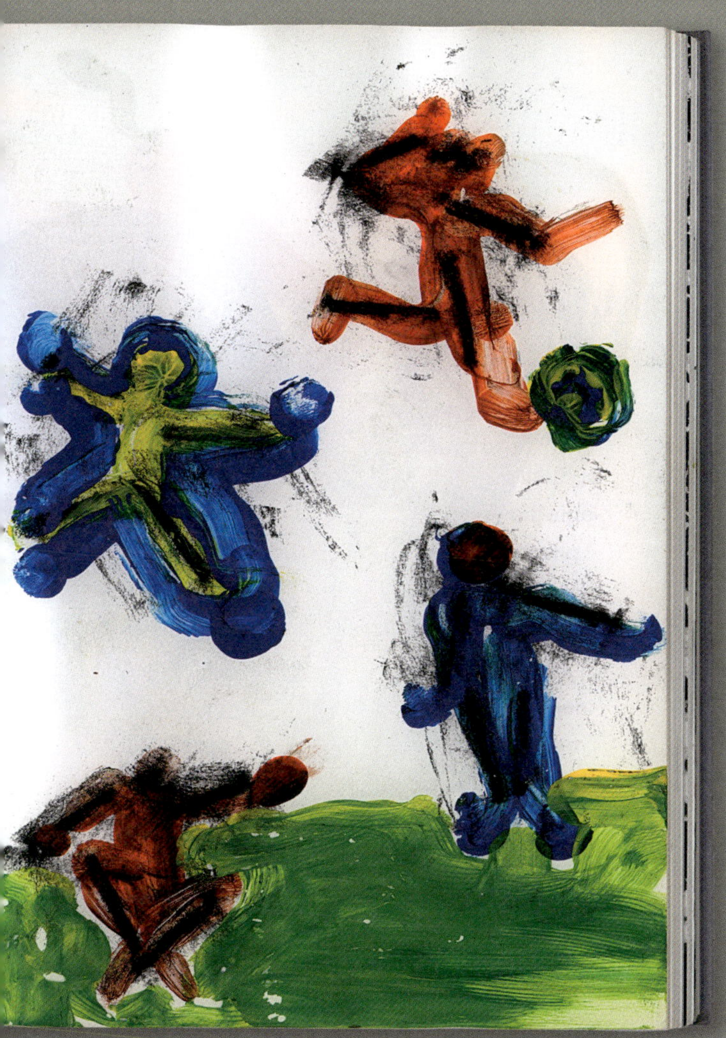

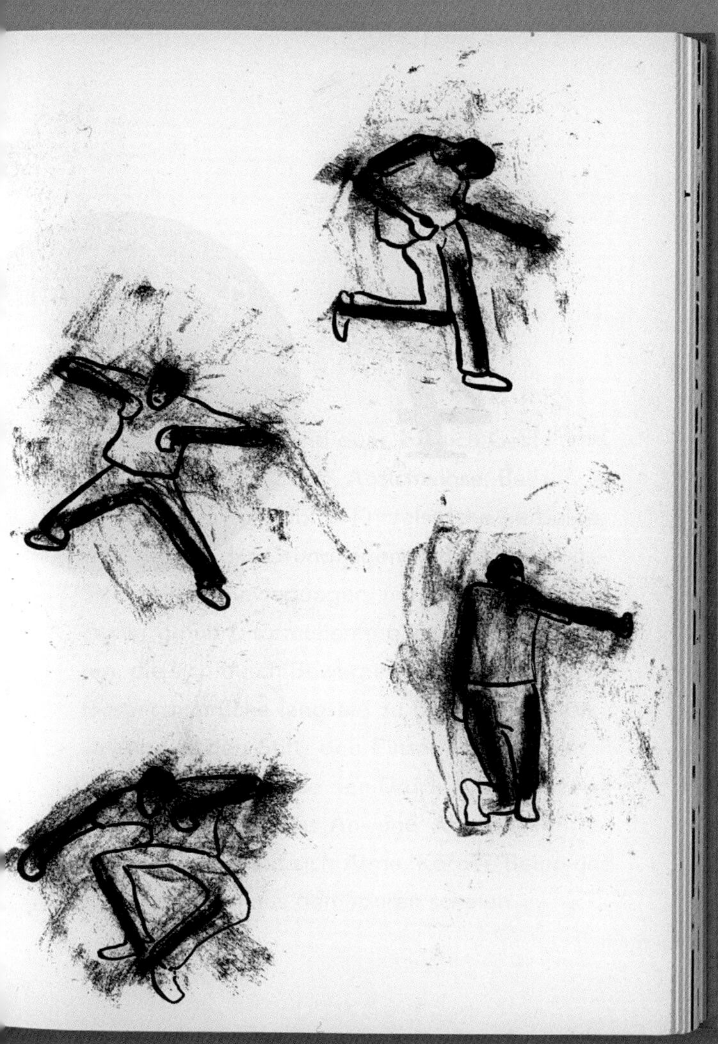

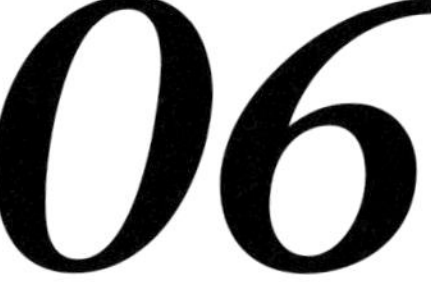

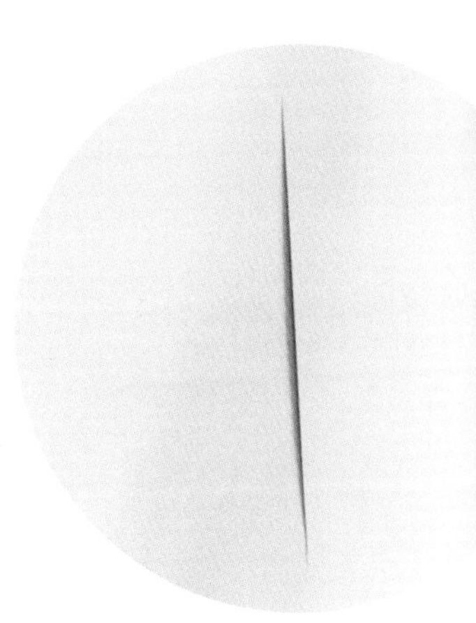

Operation am offenen Bild

Bilder wurden seit jeher manipuliert. Sei es, um die Wahrheit zu zeigen, sei es, um zu beschönigen oder um zum Denken anzuregen. Die Wahl, um dem einen oder anderen näher zu kommen, haben wir bei allen Bildtechniken, indem wir in diese eingreifen. Mitbestimmung und Beeinflussung kennen viele Formen.
(Der Rückgriff auf Ihr Familienalbum birgt Veränderungspotenzial für stereotype Getaltungsformen.)

Überarbeiten Sie eine Fotografie aus
ihrem privaten Fotoarchiv. Mittel: Zeichnung

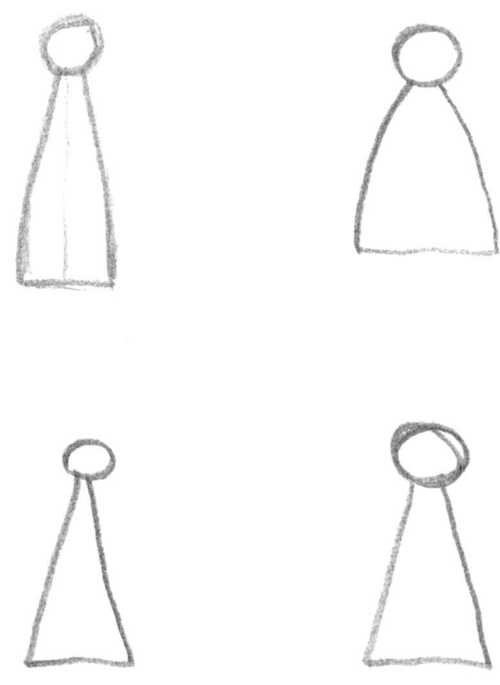

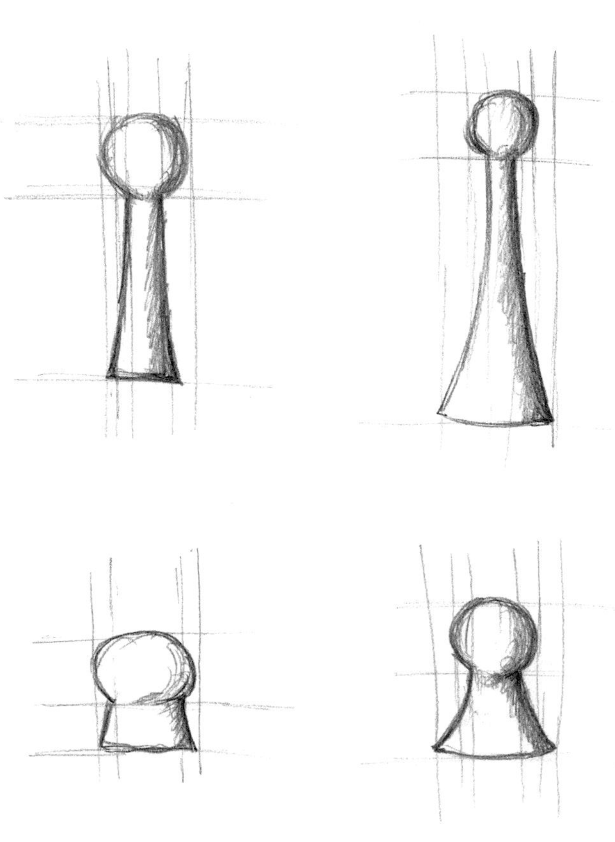

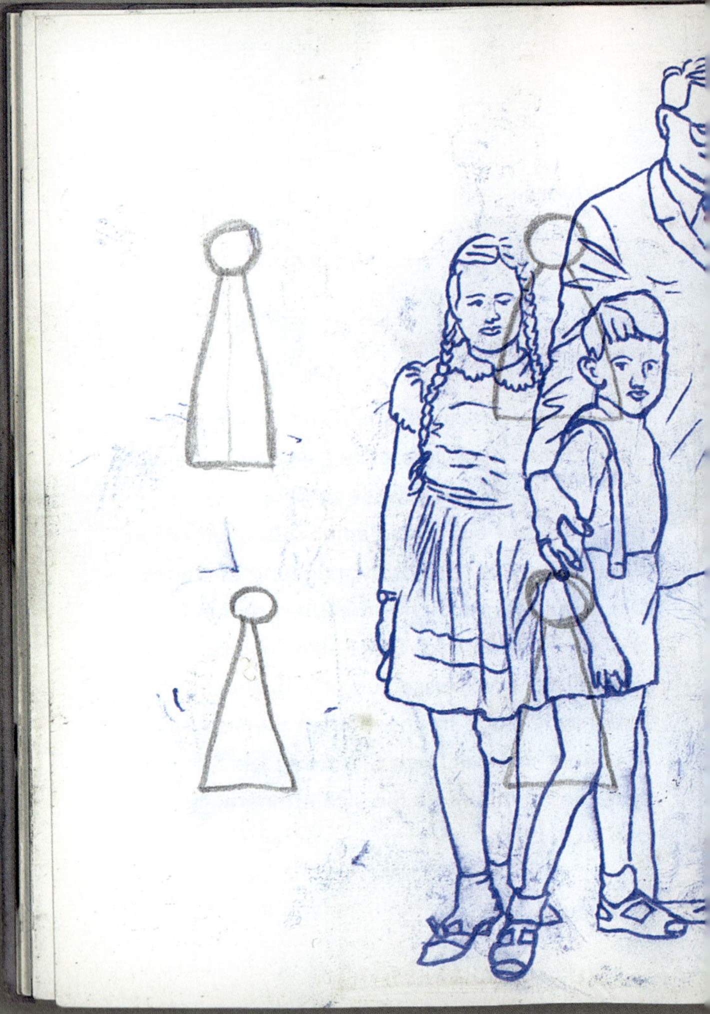

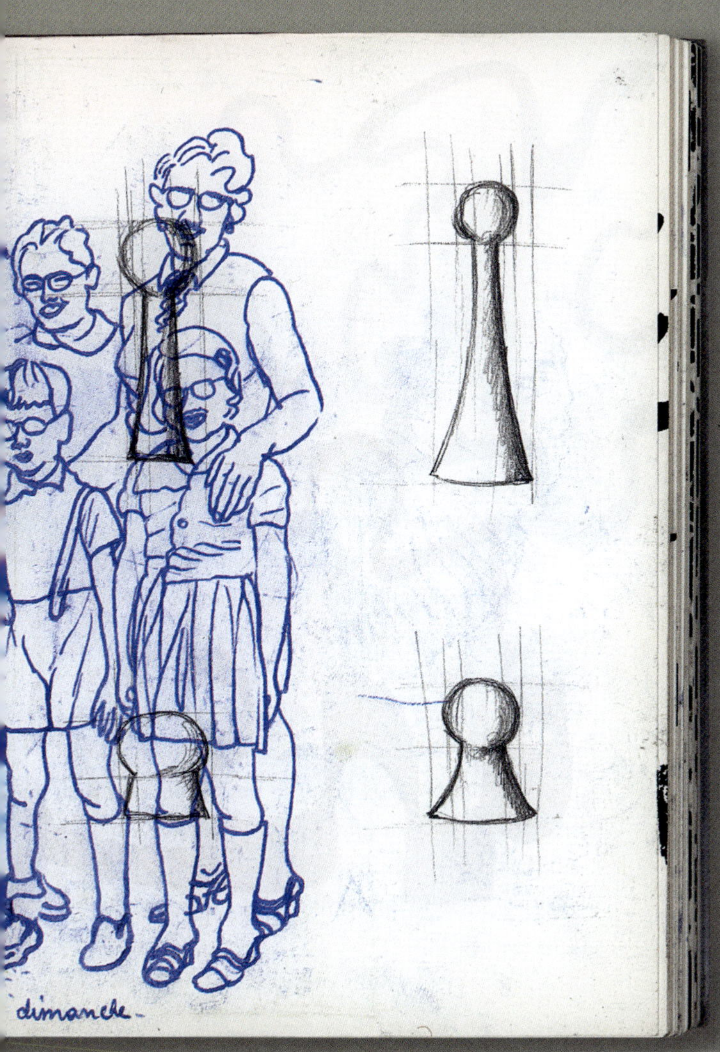
dimanche

07

«Grauenvoll» oder doch
eher «Zarter Grauschleier»?

Bildtitel erfinden

Bildtitel sind bei vielen Künstlern verpönt, das Bild soll bekanntlich für sich selbst sprechen: Tut es aber längst nicht immer.
Bildtitel erfinden fordert eine vertiefte Betrachtungsweise, gehört zum bildnerischen Denken und ermöglicht eine grosse Bandbreite in der Auslotung der Wahrnehmung und den eigenen Interpretationsvorstellungen.

Schreiben Sie einen oder mehrere Titel zu den Zeichnungen. Erweitern Sie die Zeichnungen nach eigenem Gutdünken entsprechend.
Mittel: Schreiben, Zeichnung

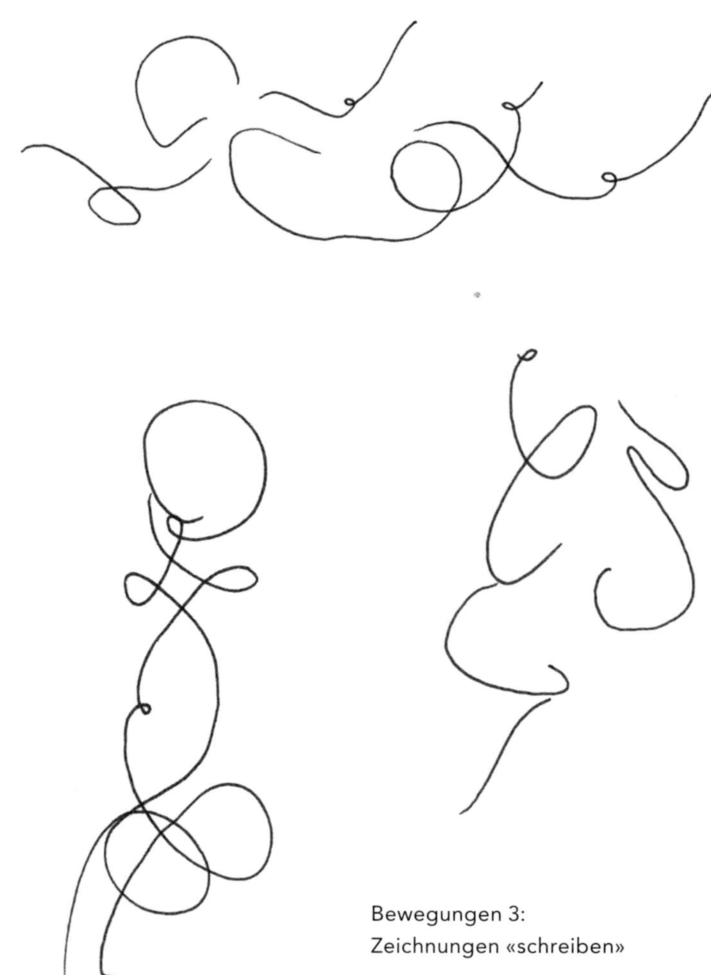

Bewegungen 3:
Zeichnungen «schreiben»

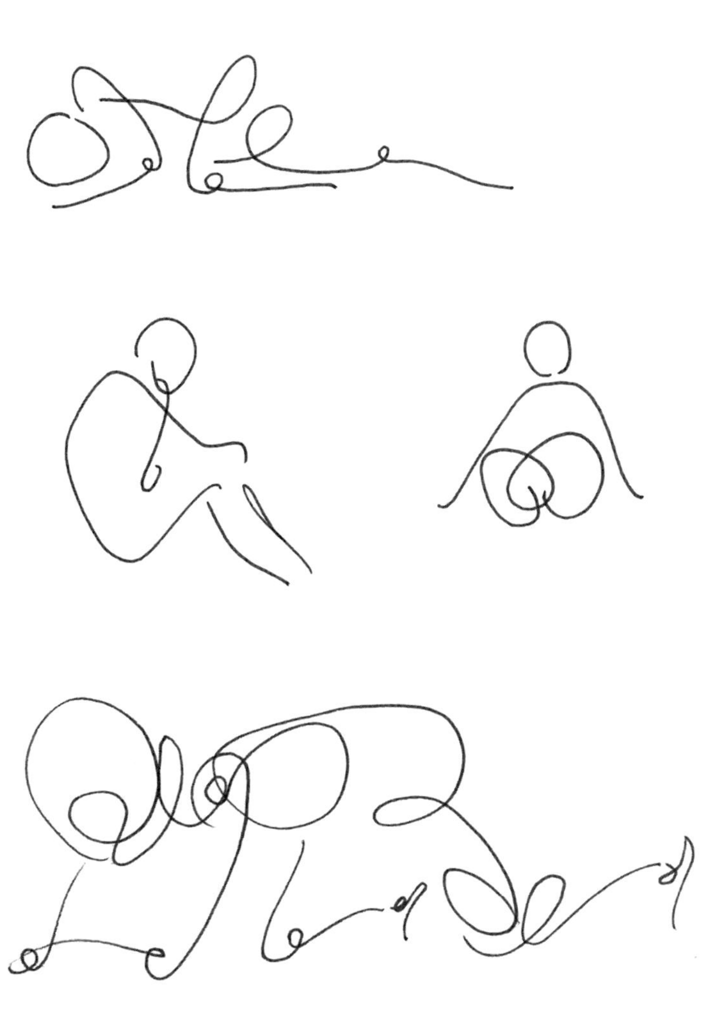

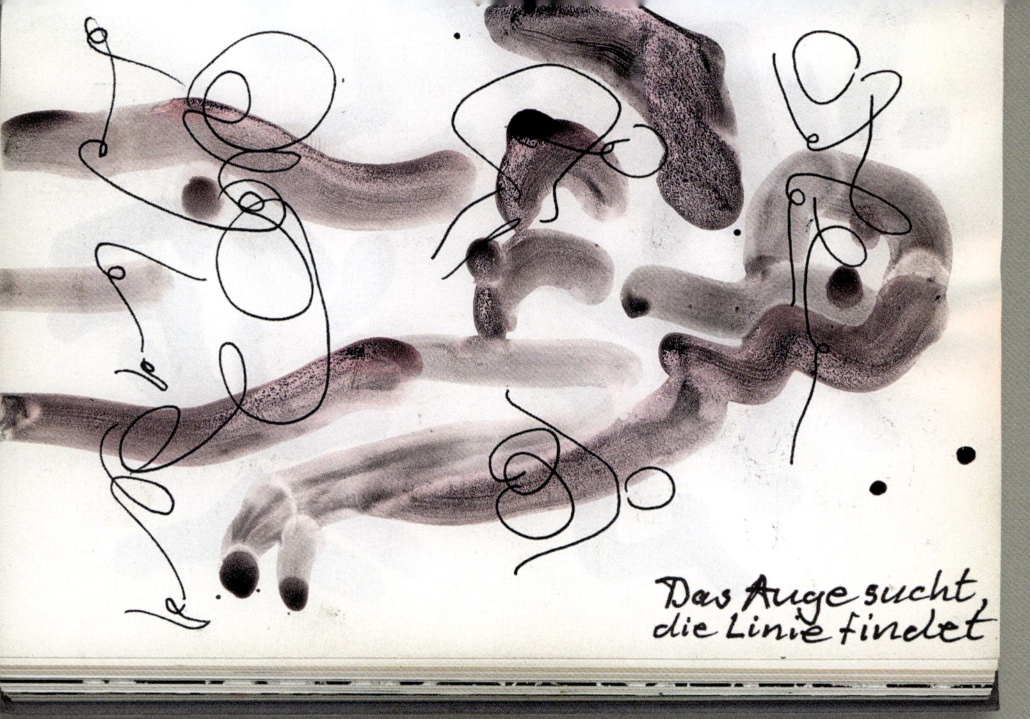
Das Auge sucht,
die Linie findet

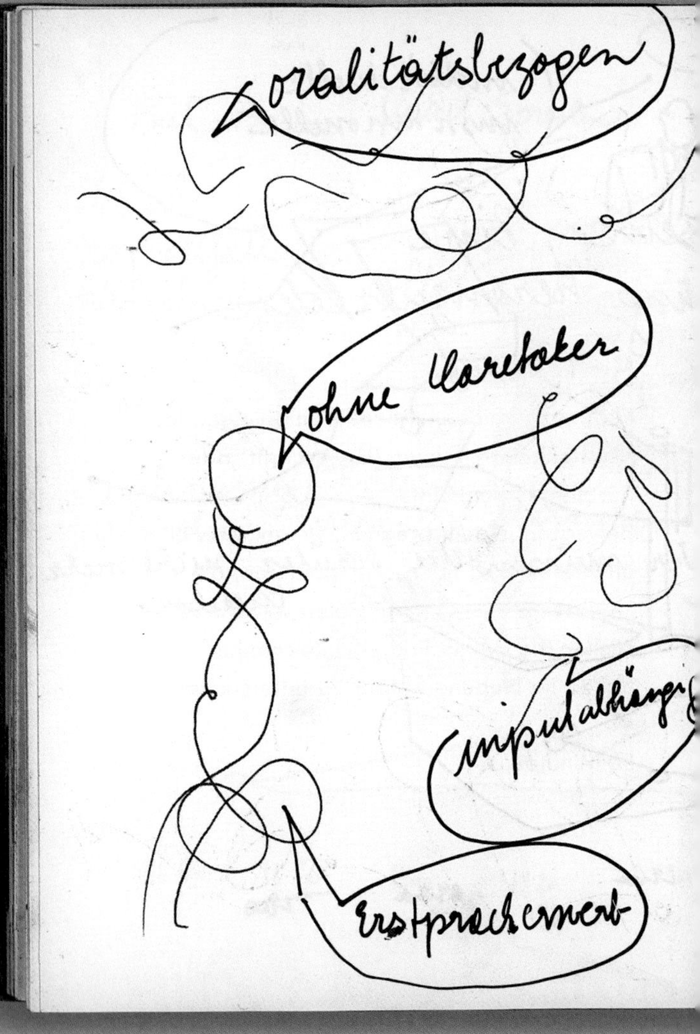

oralitätsbezogen

ohne Caretaker

inputabhängig

Erstspracherwerb

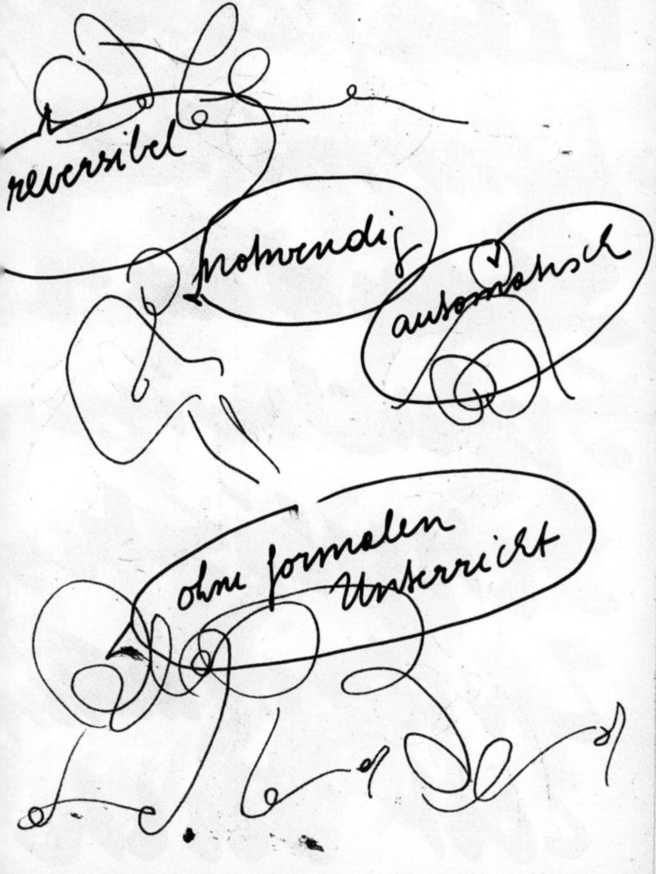

reversibel

notwendig

automatisch

ohne formalen Unterricht

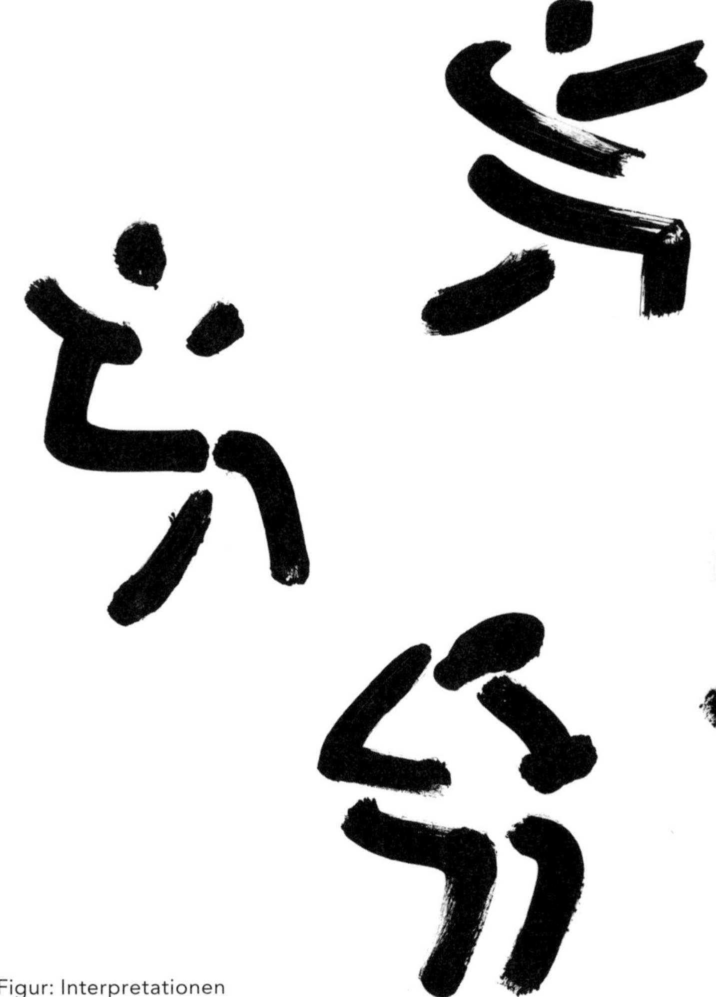

Figur: Interpretationen
mit fünf Elementen

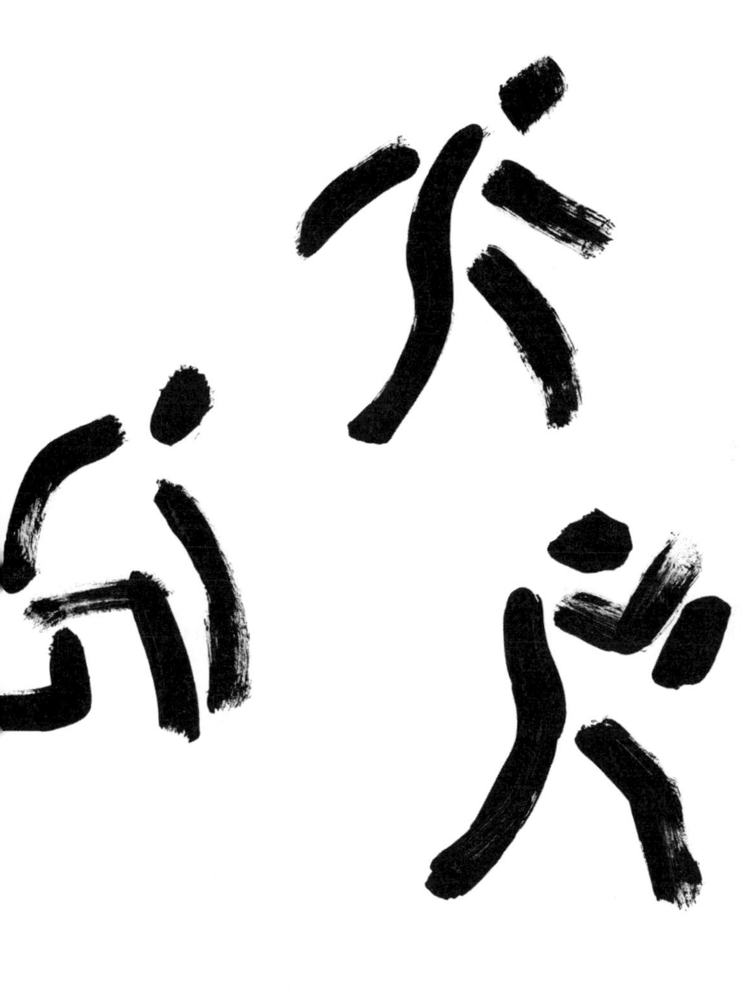

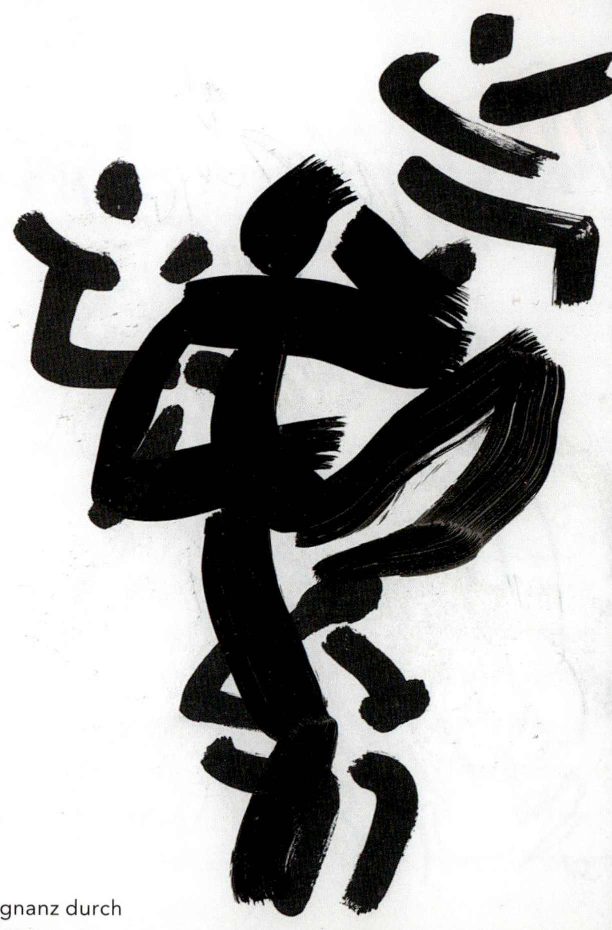

Prägnanz durch
Verdichten

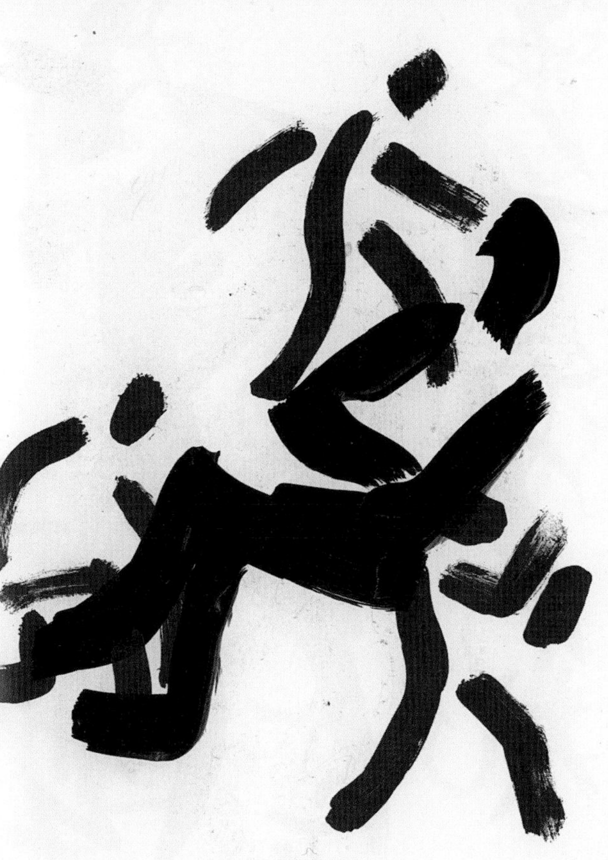

Mehrdeutigkeit durch
Verdichten

08

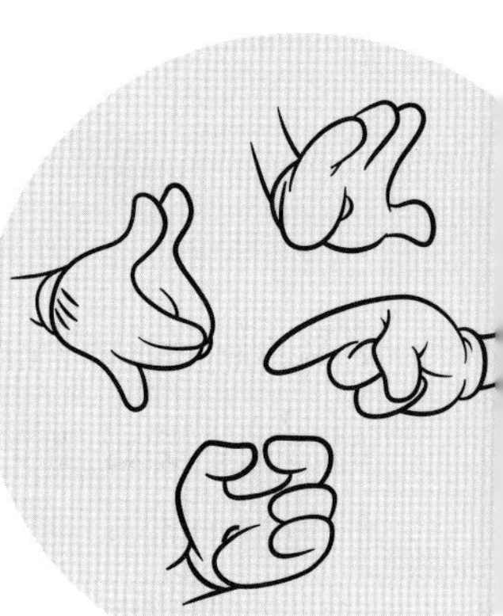

Dialoge im Alleingang oder zu zweit

Selbstgespräche werden belächelt. Andererseits kennen wir aus dem religiösen Umfeld das Sprechen mit Bildern. Man kann mit einem Bild durchaus ein Gespräch führen, z.B. ein Interview (Fragen) für die eigene Neugierde lostreten, um damit nach untypischen Betrachtungsweisen zu forschen.

Posieren Sie allein oder zu zweit, um ein Zeichen nachzuspielen oder um als Skulptur zu posieren. Zusätzliche Requisiten sind erlaubt.
Mittel: Performance, Fotografie

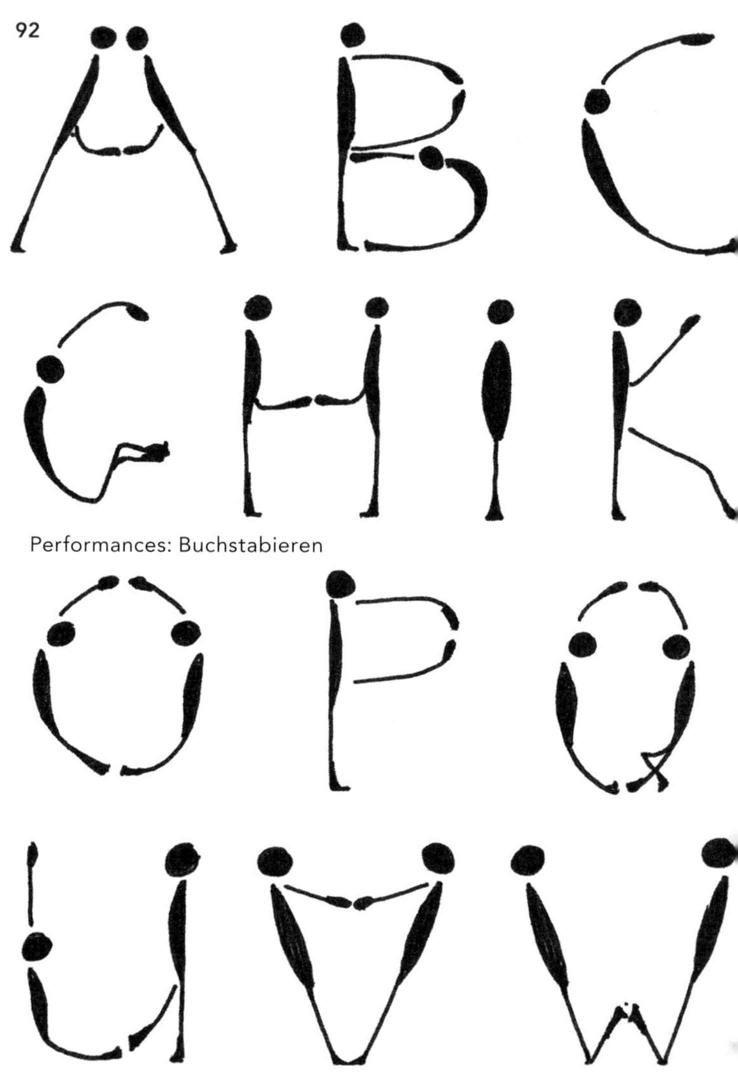

Performances: Buchstabieren

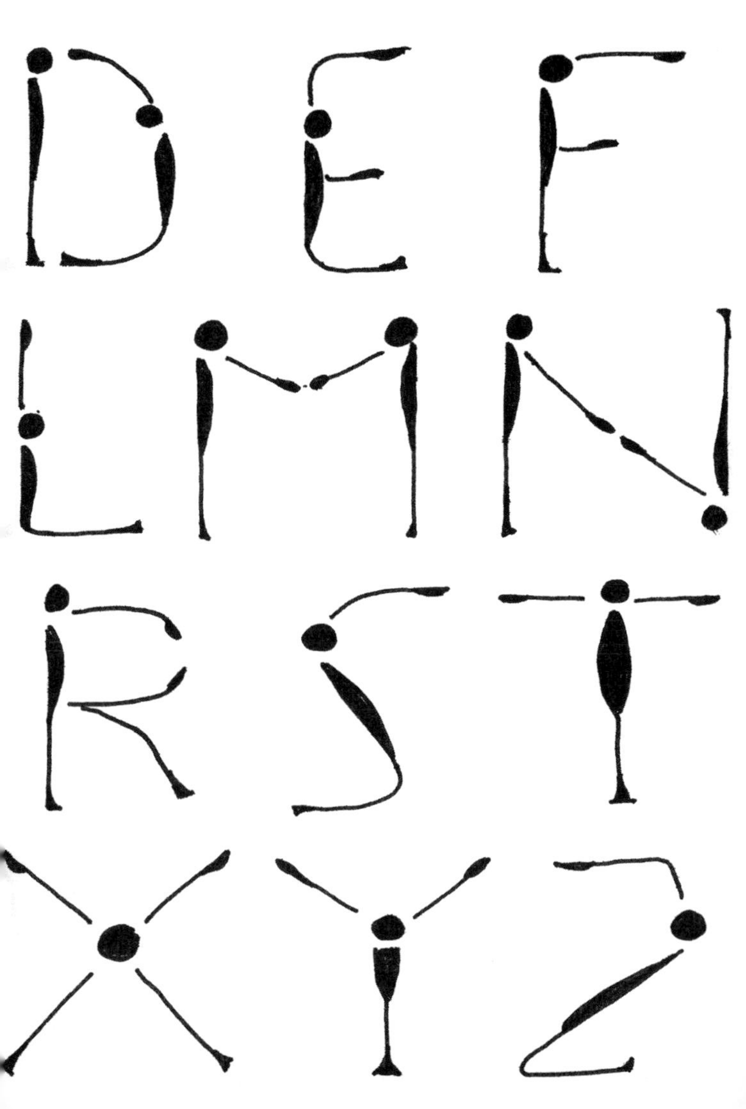
D E F
L M N
R S T
X Y Z

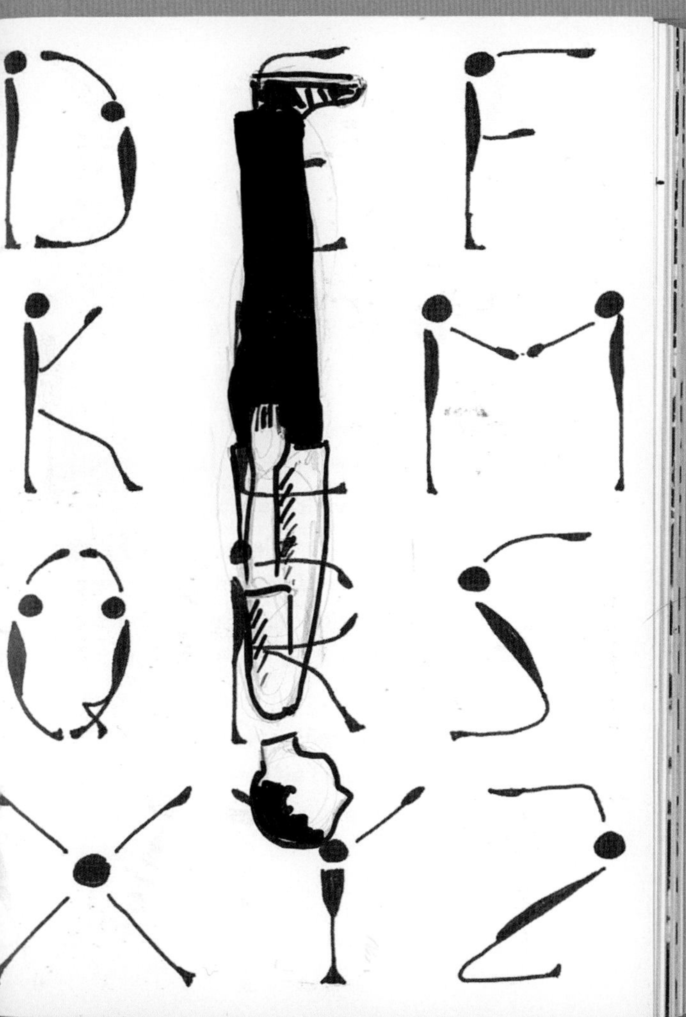

09

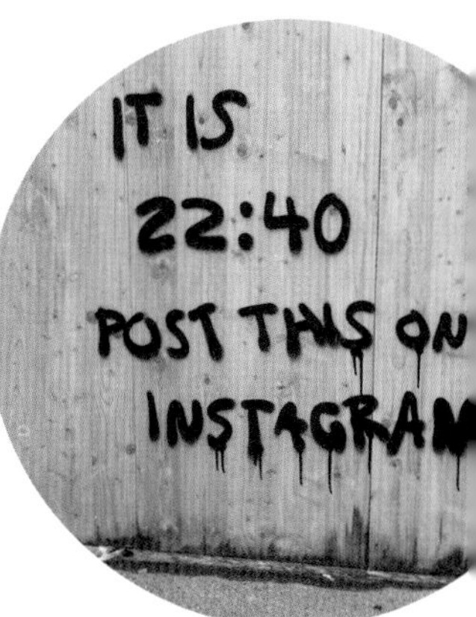

Eigene Kommentare

Wäre das Kommentieren als Kunst anerkannt, würde offensichtlich, dass Sehen und Denken nicht zu trennen sind (auch Bilder verfügen über innere Bilder). Das Schielen nach den Bildtiteln in Museen verführt uns dazu, eigene Ansichten in Grenzen zu halten. Bilder sind gesprächiger, als wir gemeinhin annehmen, jedenfalls wenn wir genau hinsehen und das Gespräch mit ihnen suchen. Wer im Sichtbaren das Denkbare vernachlässigt, unterlässt eigene Möglichkeiten.

Schreiben Sie eine kleine Geschichte zu den folgenden Figuren. Die Geschichte lässt sich auch abbilden.
Mittel: Schrift, Zeichnung, Grafik

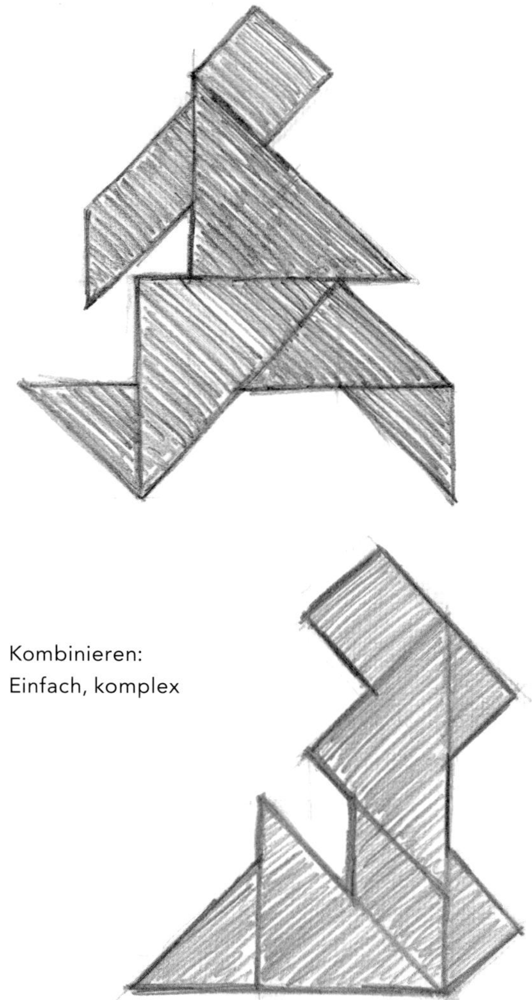

Kombinieren:
Einfach, komplex

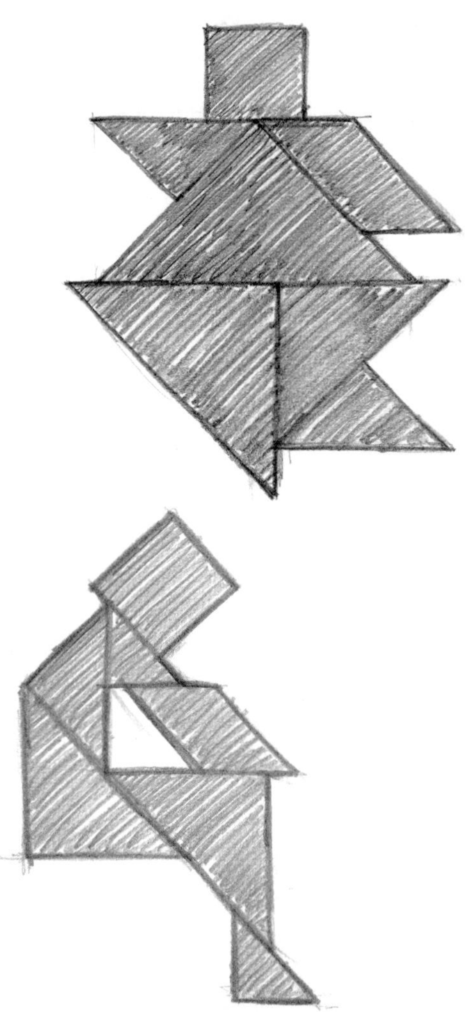

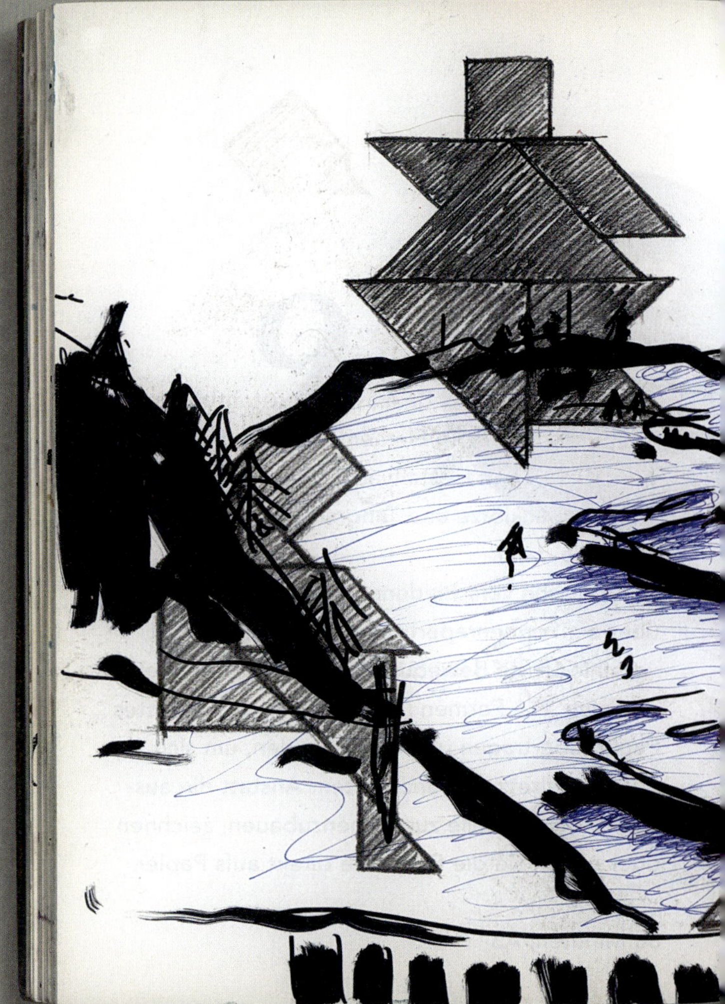

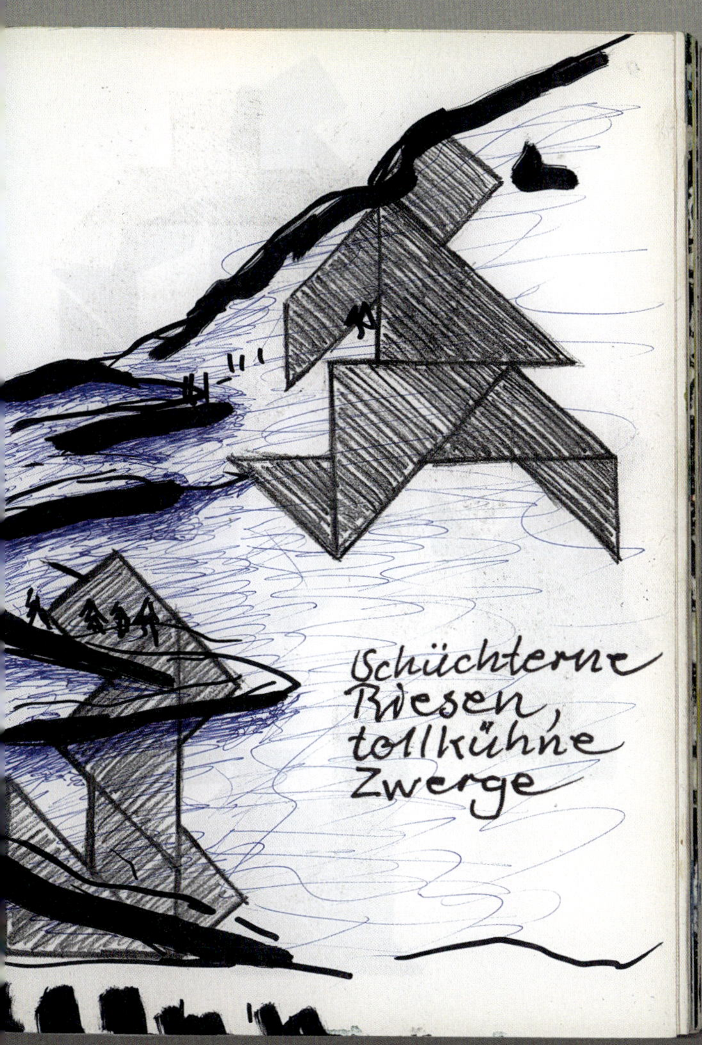
Schüchterne
Riesen,
tollkühne
Zwerge

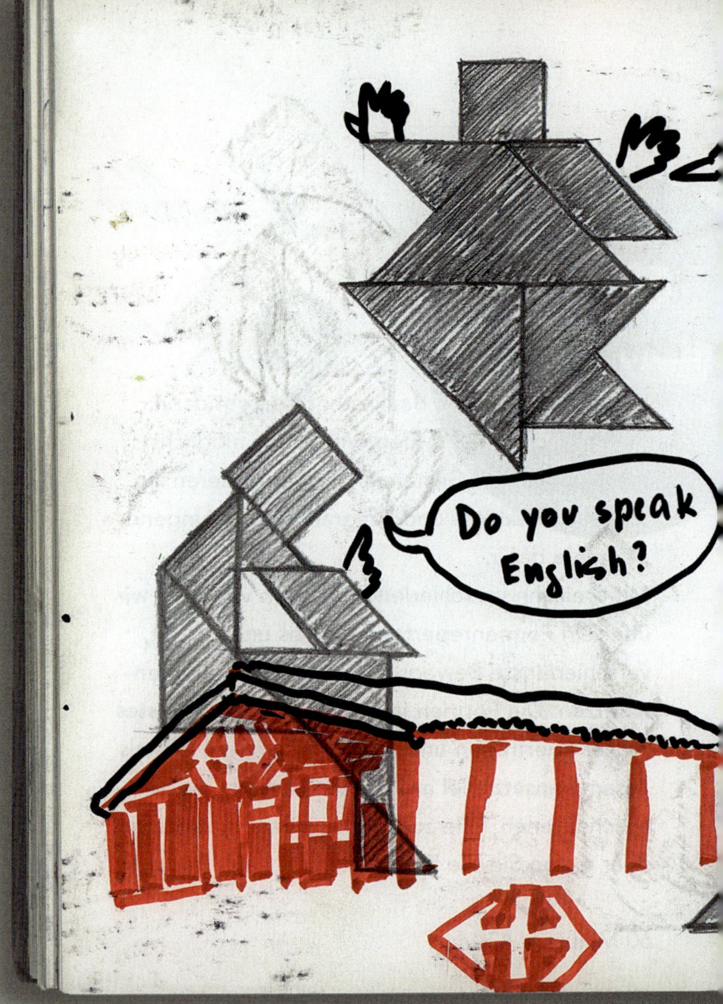
Do you speak English?

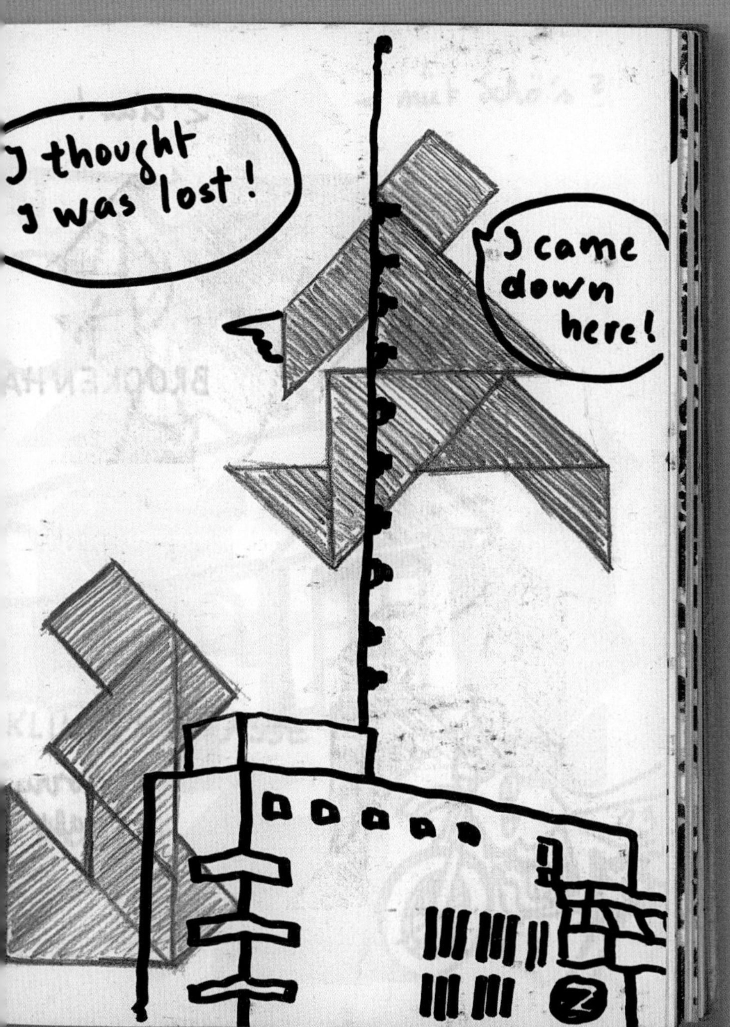
I thought
I was lost!
I came
down
here!

10

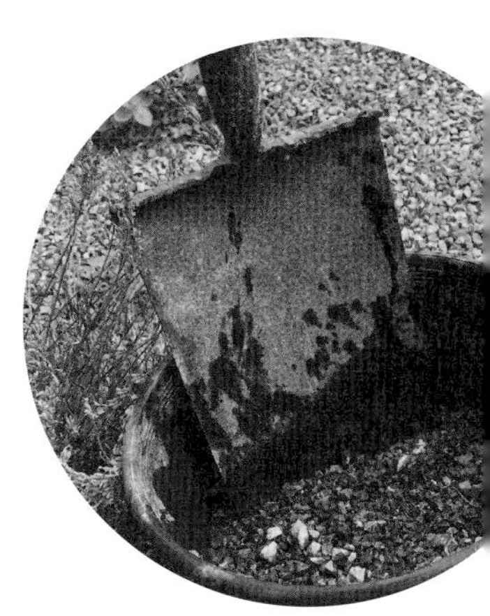

Nach Bildern schürfen

Es ist unglaublich, welche Vorstellungen sich im Nachhinein von Bildern abholen lassen. Da genügt schon eine kleine Andeutung, um der eigenen Fantasie auf die Sprünge zu helfen. Unser Vorstellungsvermögen («Einbildung») hilft uns dabei, Dinge zu entdecken, die wir entdecken möchten. Weitergehende «Einbildungen» basieren auf Offenheit gegenüber den eigenen vorgefassten Wünschen. Auch kleinste «Bildchen» laden dazu ein, um in ihnen Posen zu erkennen.

Entscheiden Sie sich für zwei bis drei Posen, die eine Bewegung veranschaulichen.
Mittel: Fotografie, Skizze

Steigern: Winzig, klein, grösser

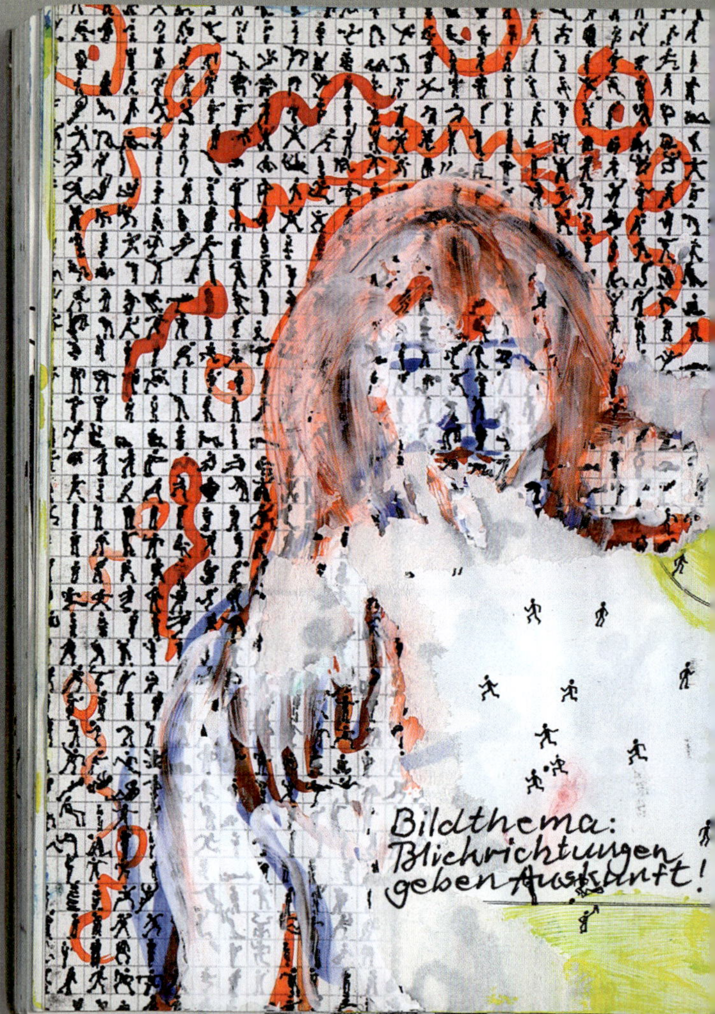
Bildthema:
Blickrichtungen
geben Auskunft!

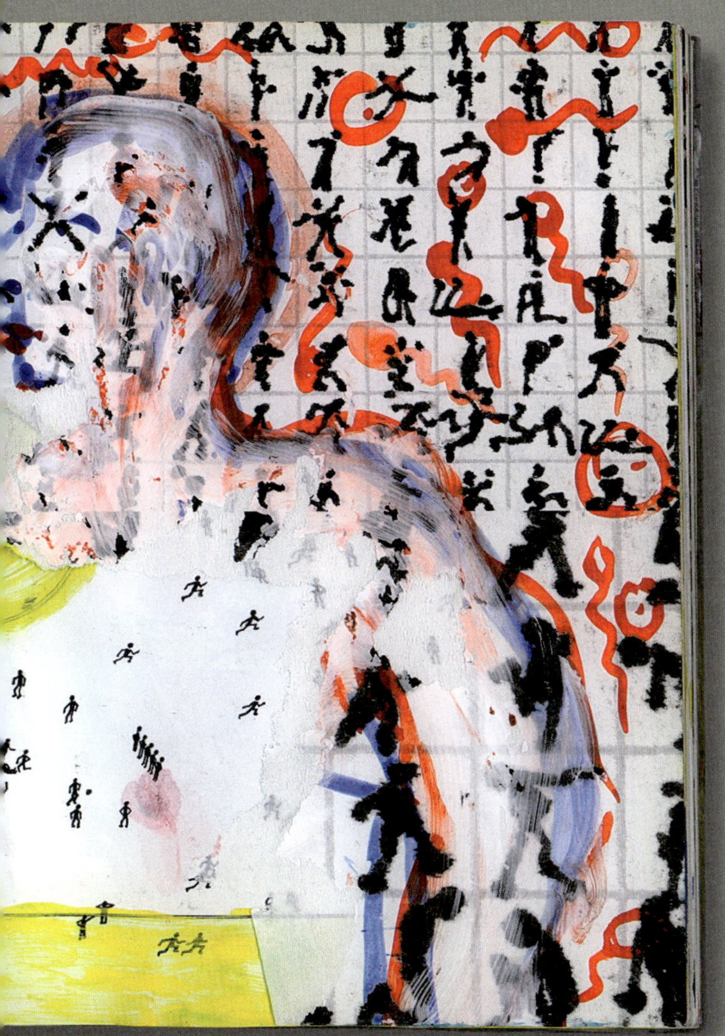

11

Sag doch was

Eine Anregung kann weiterhelfen, viele Anregungen können beflügeln. Wer weder nach rechts noch nach links schaut, mag gradlinig handeln, verpasst aber weitere offene Möglichkeiten. Zu frühe Einschränkung ist zu vermeiden. Der Wille zu Ergänzungen ist im bildnerischen Denken allgegenwärtig.

Wählen Sie mehrere Figuren aus der folgenden Doppelseite aus und ordnen Sie ihnen Sprech- und Gedankenblasen zu.
Mittel: Comic, Fotokopie

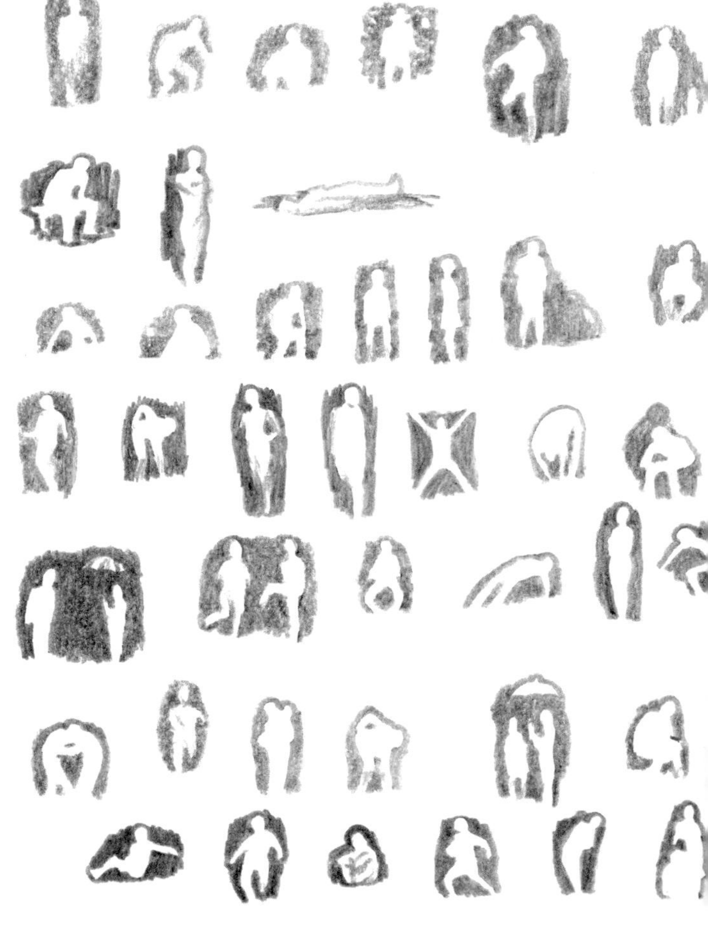

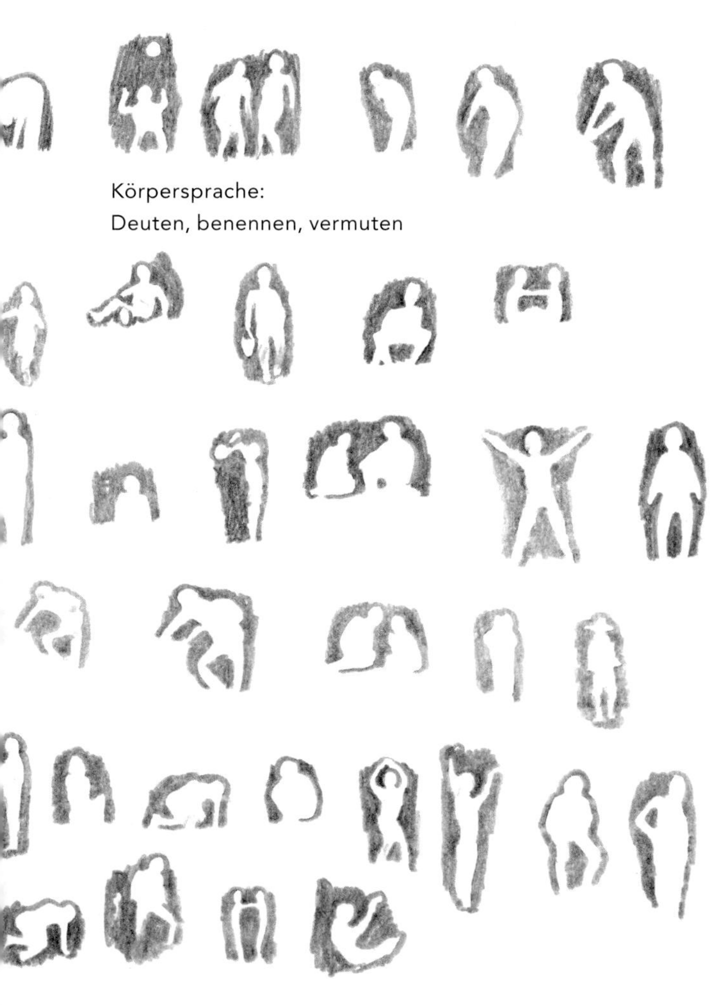

Körpersprache: Deuten, benennen, vermuten

Dialoge auf Augenhöhe

MARTIGNY

12

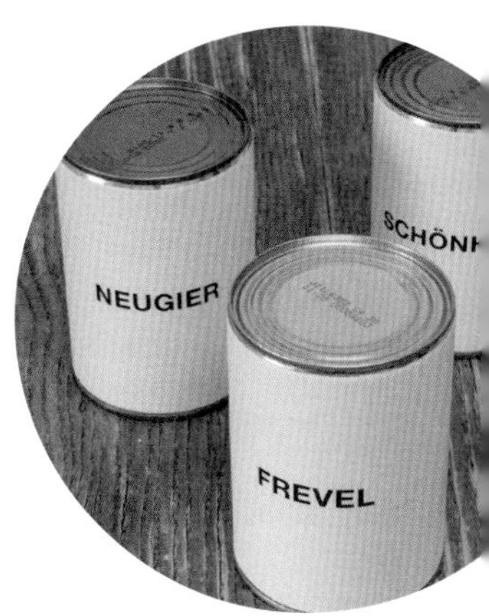

Eigensinn auslagern?

Wir wissen, das eigene Können ist abhängig vom Kennen. Der Leistungsdruck, der auf uns lastet, ist weniger dem Kennen zuzuschreiben als dem «Büffeln» von Fertigkeiten. Um so schöner, dass es Tätigkeiten gibt, die von der Leistungsgesellschaft gerne übersehen werden. Bei der Suche nach Entfaltungsmöglichkeiten erfinden Sie den eigenen Lehrplan, denn auch «Schule» beginnt bei Ihnen. Ihre Lehrer: Probieren und Probieren. Es geht auch ohne Schule, aber nicht ohne Lernen.

Zeichnen Sie in die Silhouetten der Figuren weitergehende Merkmale.
Mittel: Zeichnung, Fotografie (Collage)

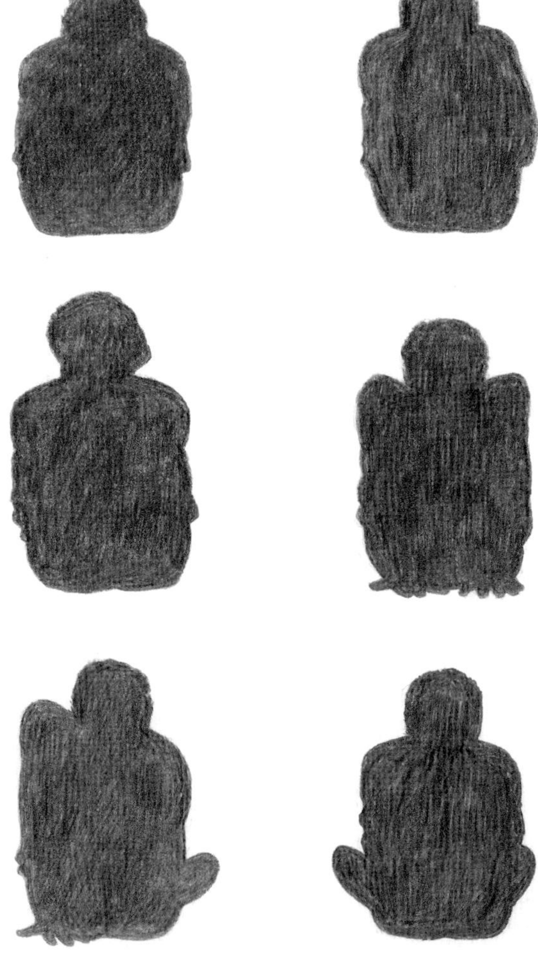

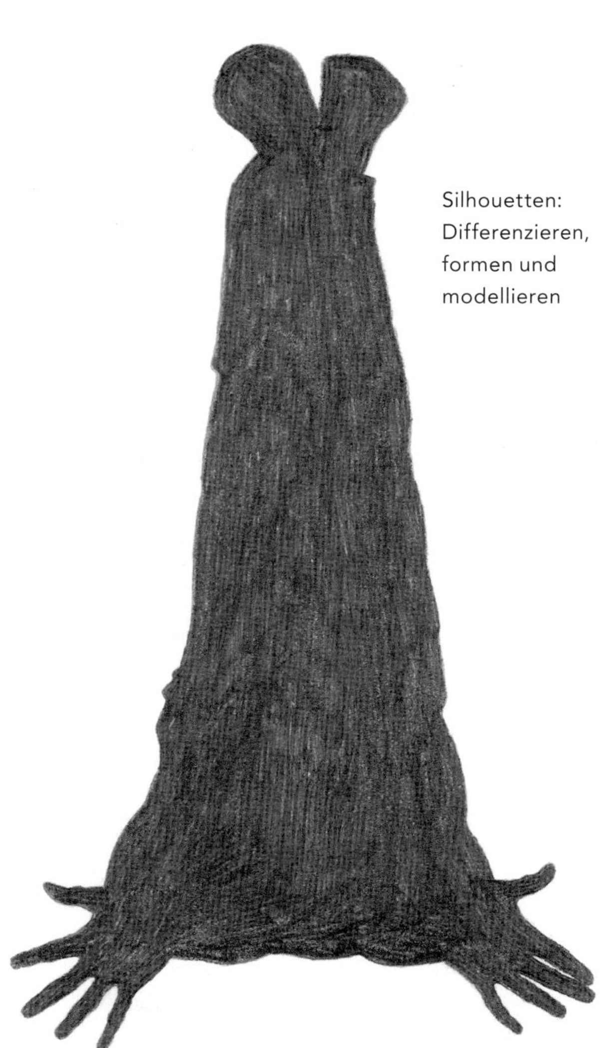

Silhouetten: Differenzieren, formen und modellieren

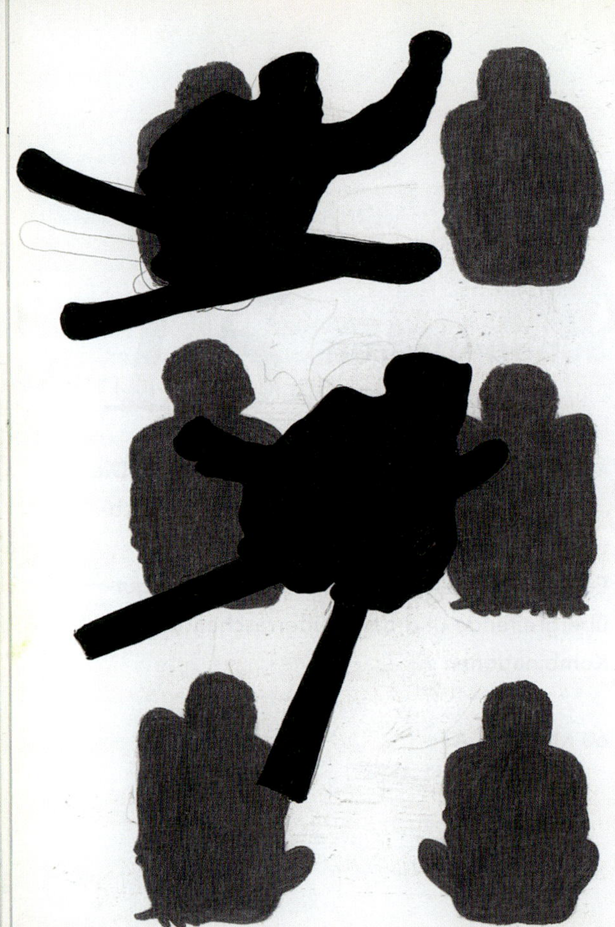

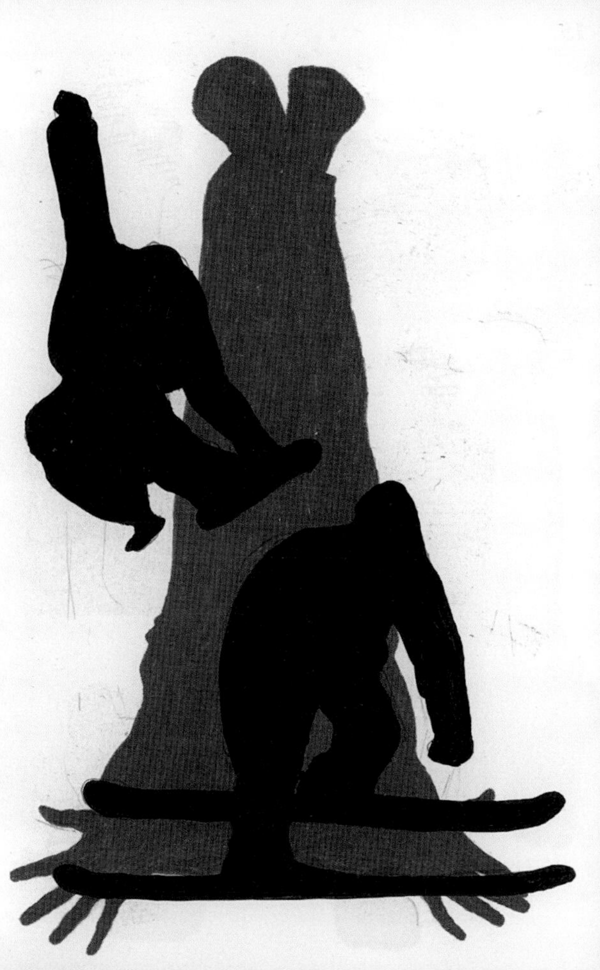

13

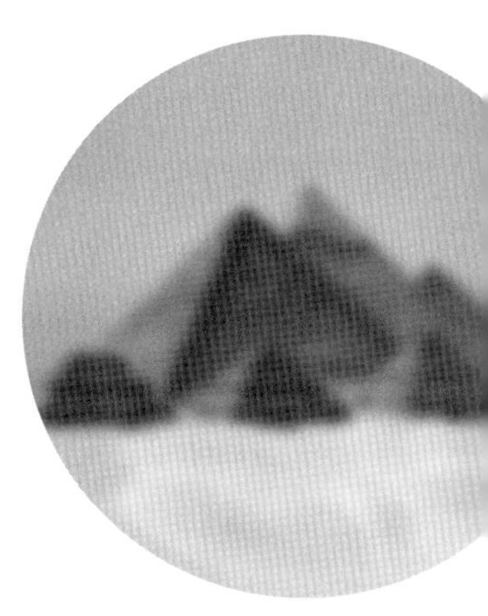

Ich vermute, deute, lege frei …

Angenommen, Sie zeichnen einen Hund, dieser ähnelt einem Pferd und in diesem sieht ein dritter wiederum ein Känguru. Also wird offensichtlich: Als anatomischer Lehrstoff eignet sich diese Zeichnung nicht. Was wir aber auch wissen, unsere Wahrnehmung ist immer in Bewegung und generiert Vielfalt. In Bildschichten archäologisches Vorgehen anzuwenden, erhöht die Deutungsmöglichkeiten.

Durch Überlagerungen «öffnet» sich die Eindeutigkeit,
ebenso durch die Unschärfe der Formen.
Die Interpretationsmöglichkeiten steigern sich.
Mittel: Grafik (überlagern, verwischen, fragmentieren)

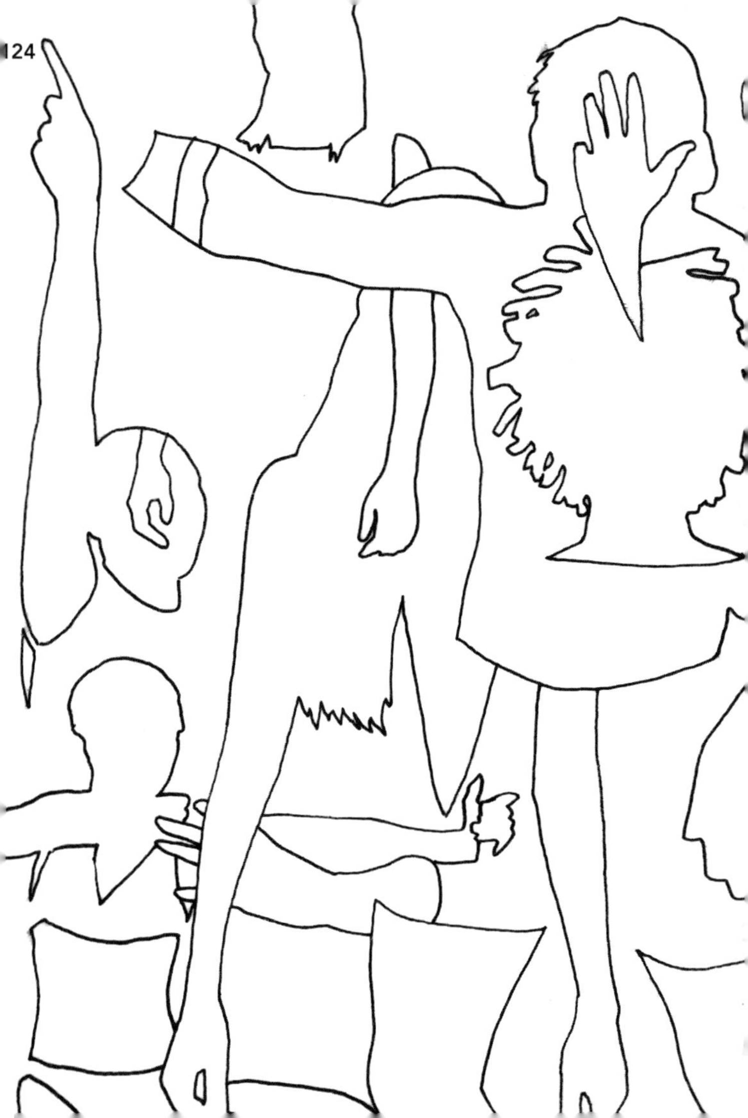

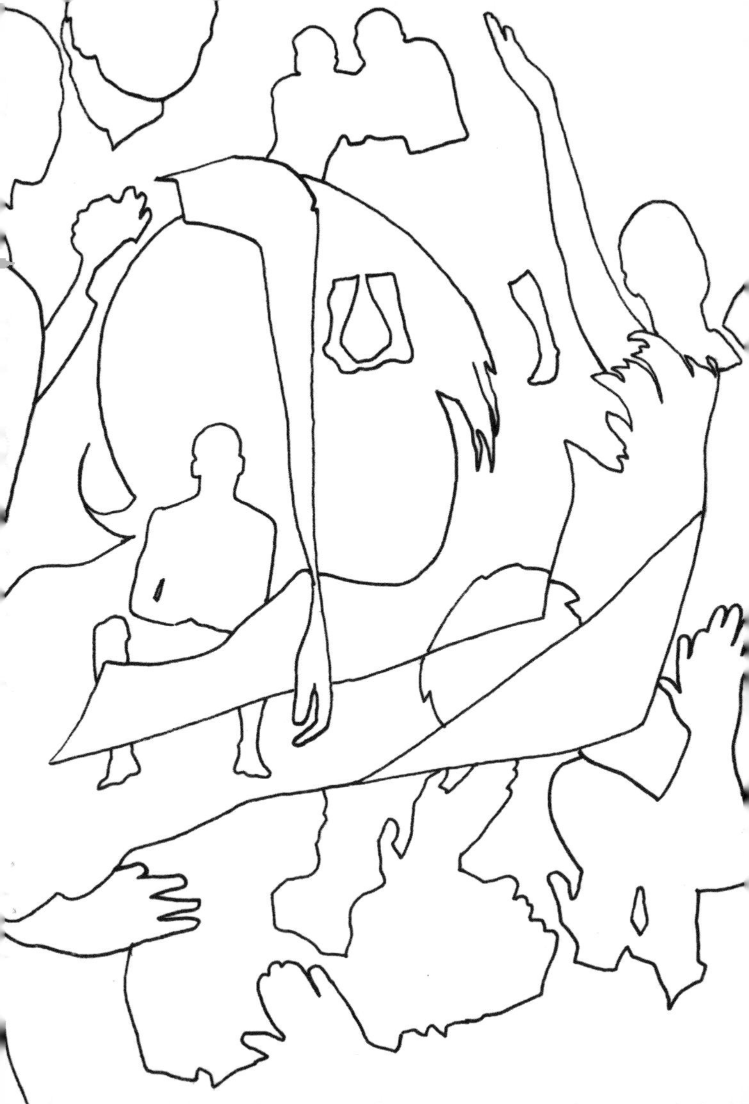

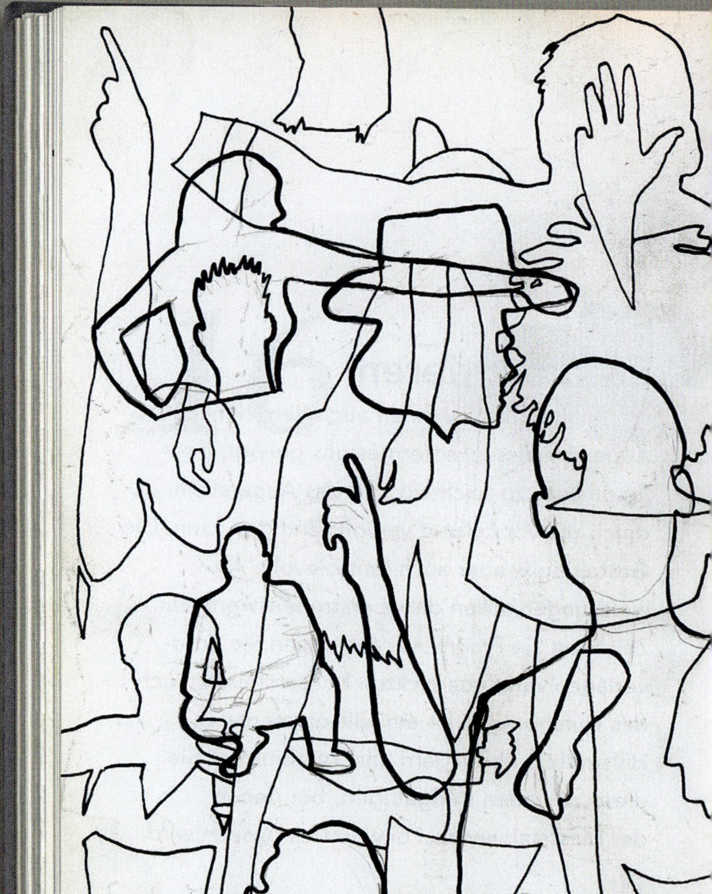

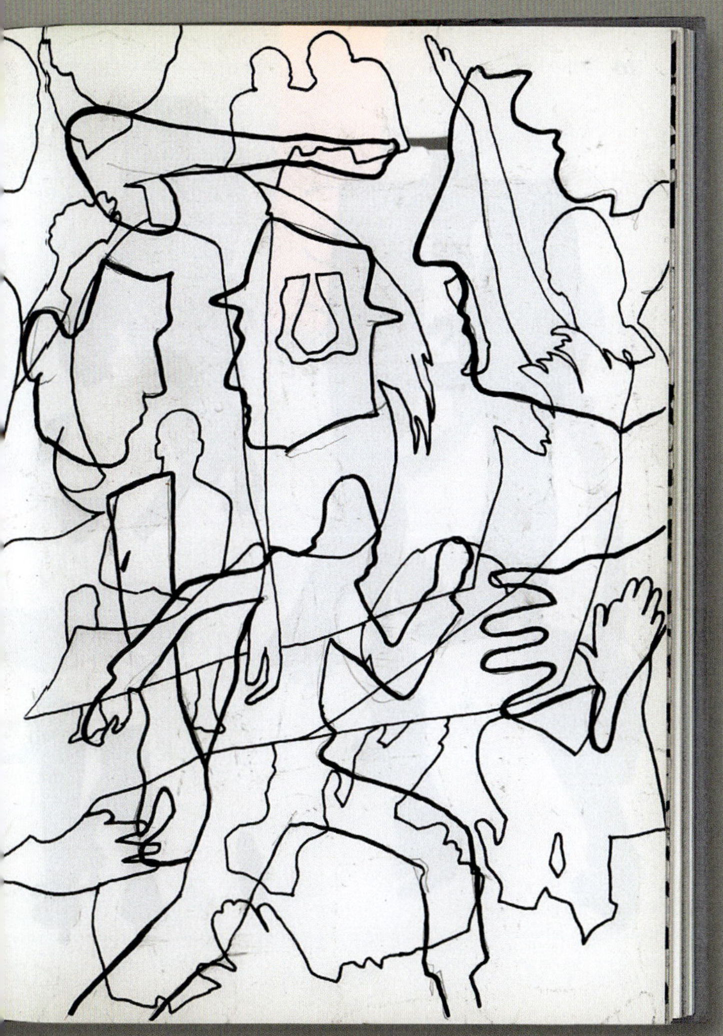

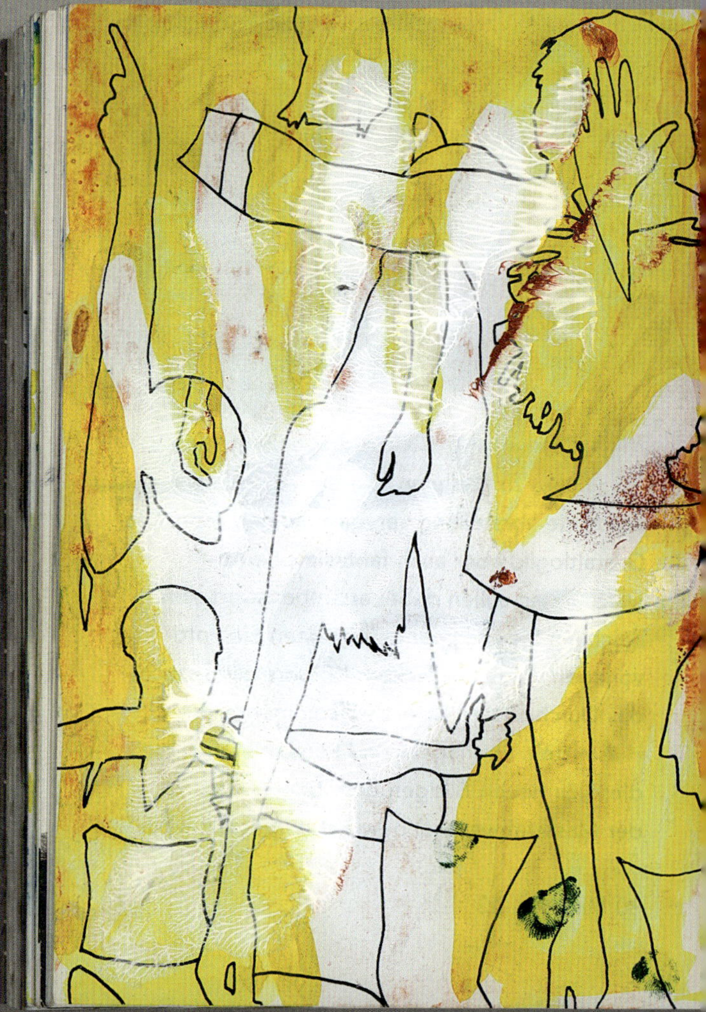

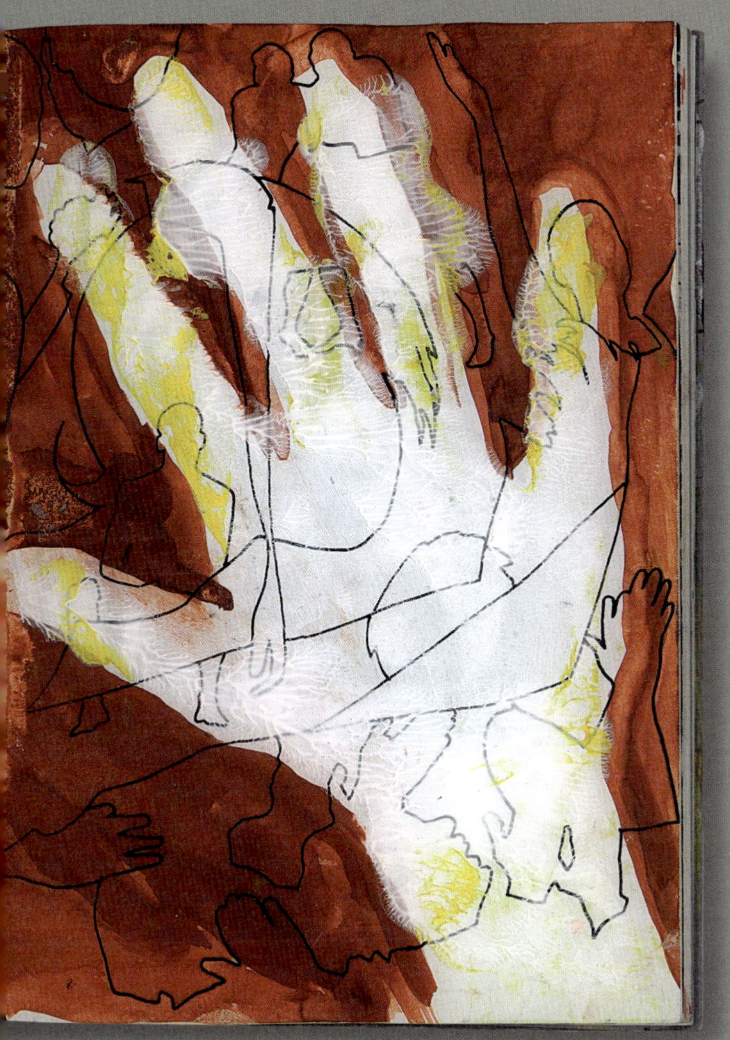

14

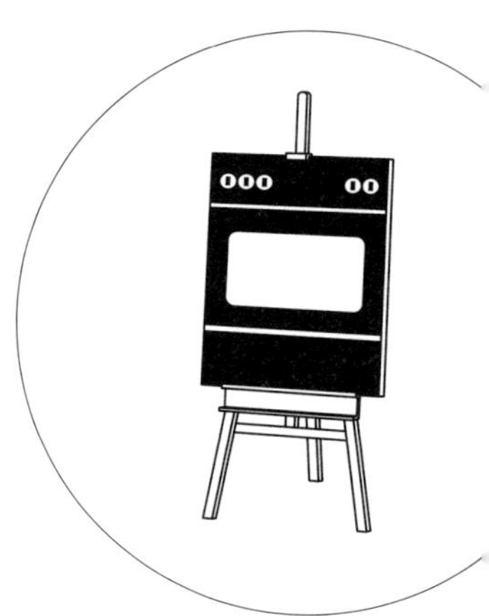

Verwandlungskunst

Welche Chance für diejenigen, die mit allem spielen können. Bilder bieten dazu eine unversiegbare Quelle. Die Bilderflut, allgemein beklagt, lässt Möglichkeiten in Hülle und Fülle zu. Die Wiederverwertung wird in der Kunst (auch in der Avantgarde und in der Moderne) seit jeher gepflegt – und dies erst noch mit grossem Verwandlungspotenzial. Collagen belegen dies.

Ein Kopf wird Frisur, Elefant oder Berg usw.
Interpretieren Sie Bildfragmente und verwandeln Sie diese
zu neuen Bildern. Mittel: Grafik, Zeichnung

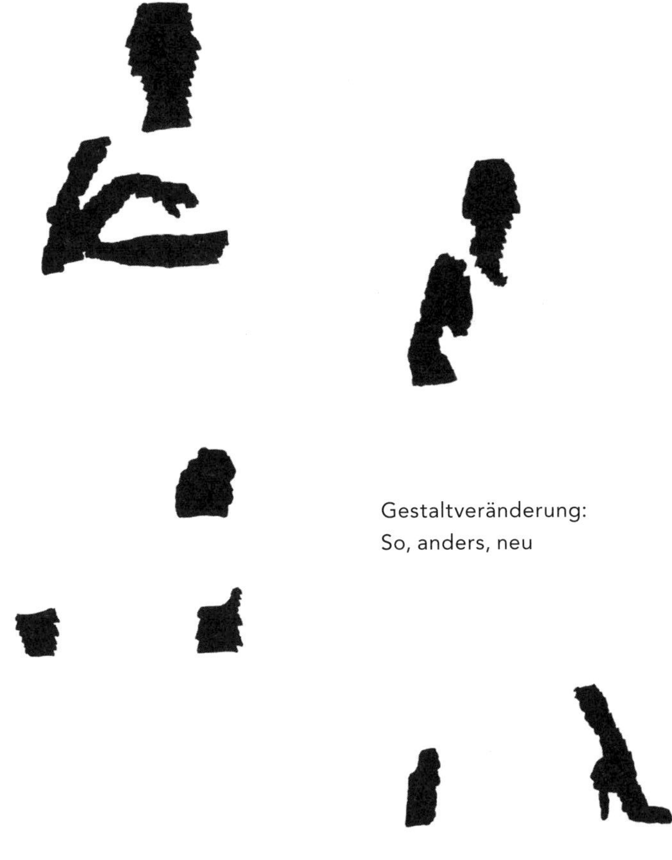

Gestaltveränderung:
So, anders, neu

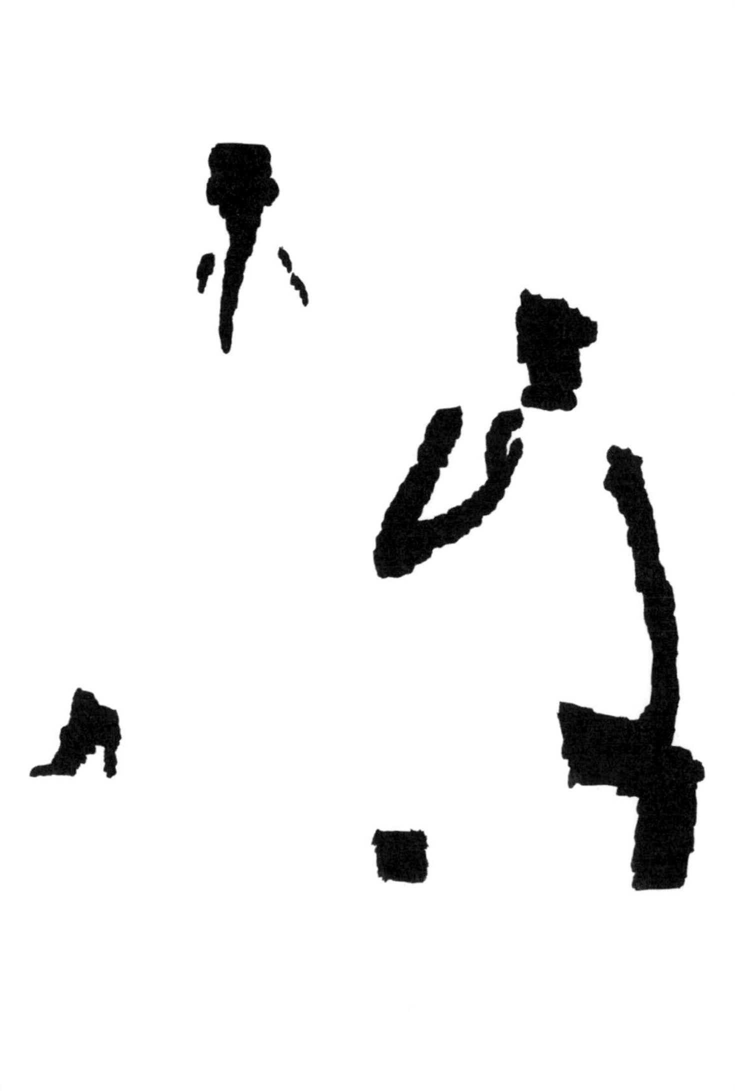

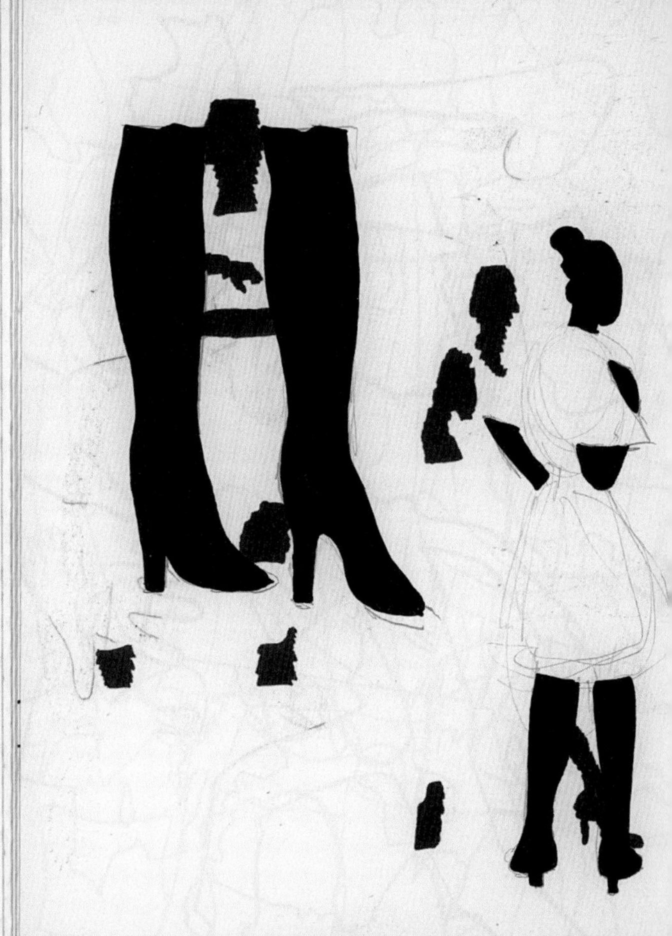

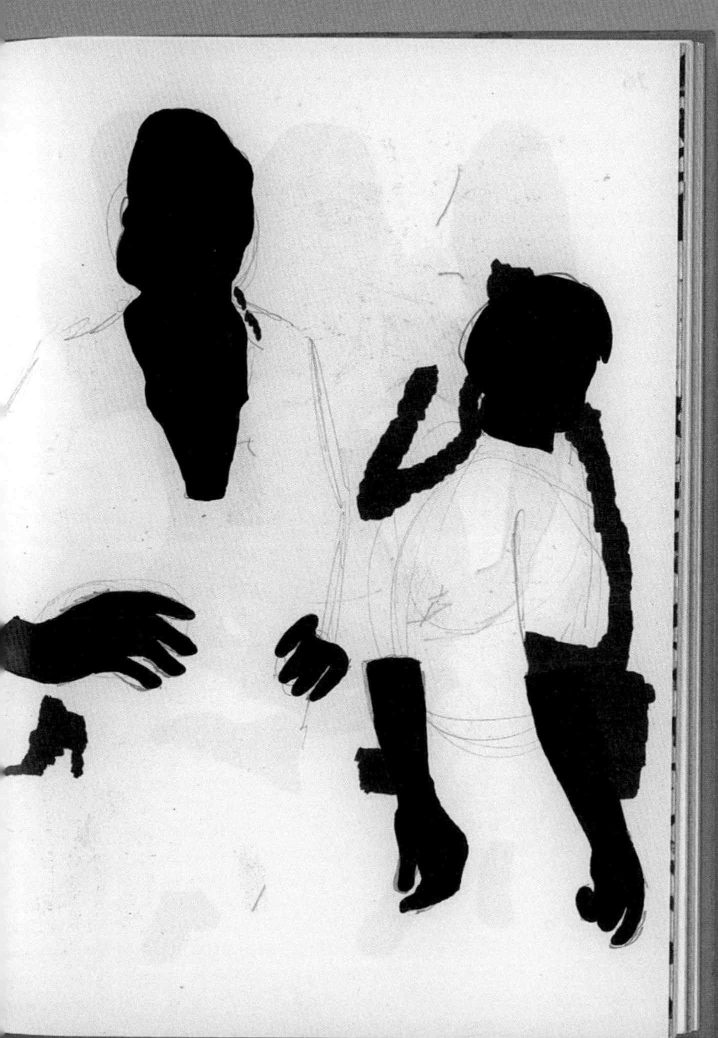

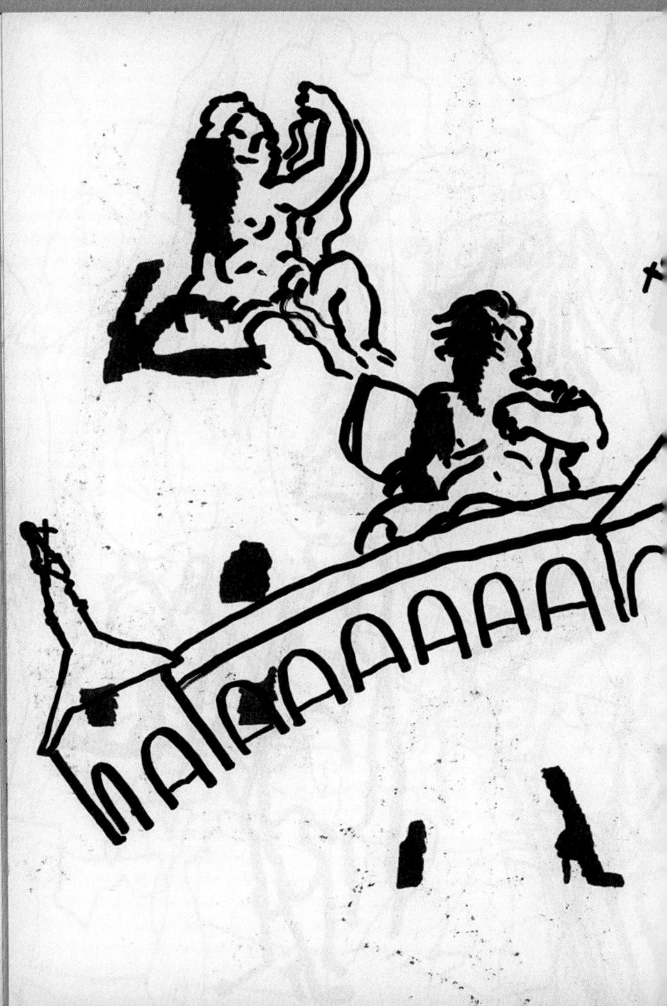

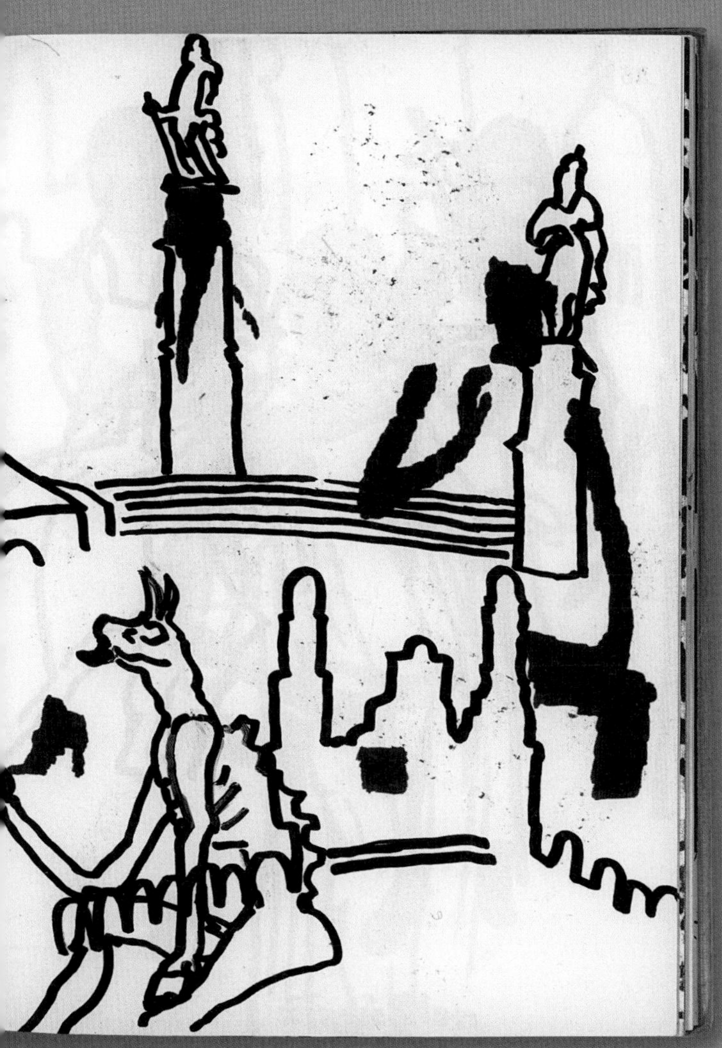

15

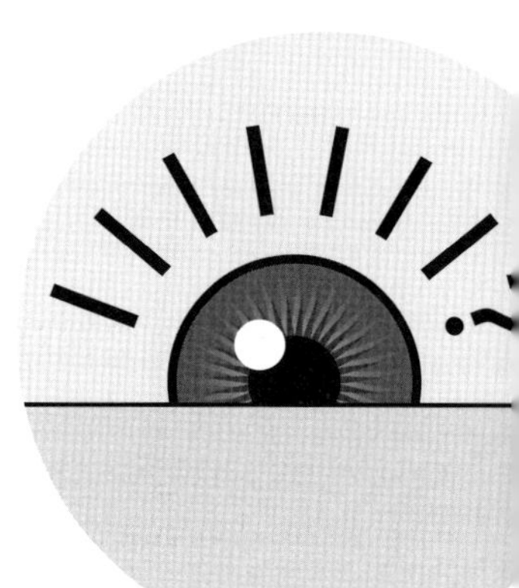

Sehen, genügt das?

Es gibt eine «Kunst des Sehens», auch wenn wir dazu neigen, dem Sehen allein – selbst wenn es sehr spannende Gedanken bewirkt – wenig Anerkennung zu zollen. (Wir wissen, der Mensch besteht grösstenteils aus Wasser, genauer gesehen müsste er sich eigentlich als Aquarium darstellen.)

Wer in Bildern denkt und vor allem weiterdenkt, betreibt sein Atelier im Kopf. Der Weg dahin ist aber weiterhin mit Bildern gepflastert.

Leerstellen in der figürlichen Darstellung lassen überraschende Ergänzungen zu.
Mittel: Grafik, Fotografie (Collage)

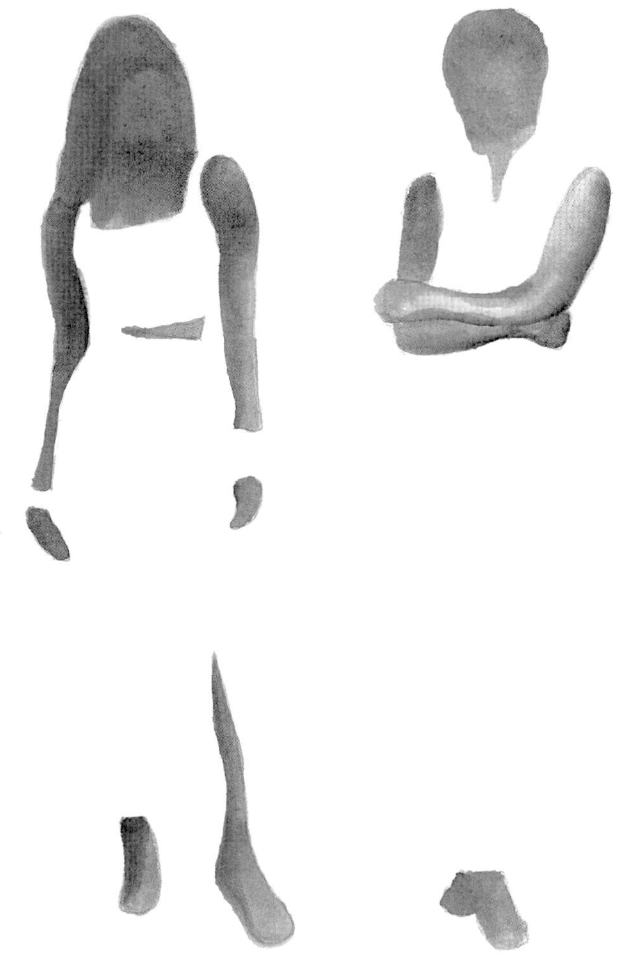

Lücken:
Entdecken,
bilden, ergänzen

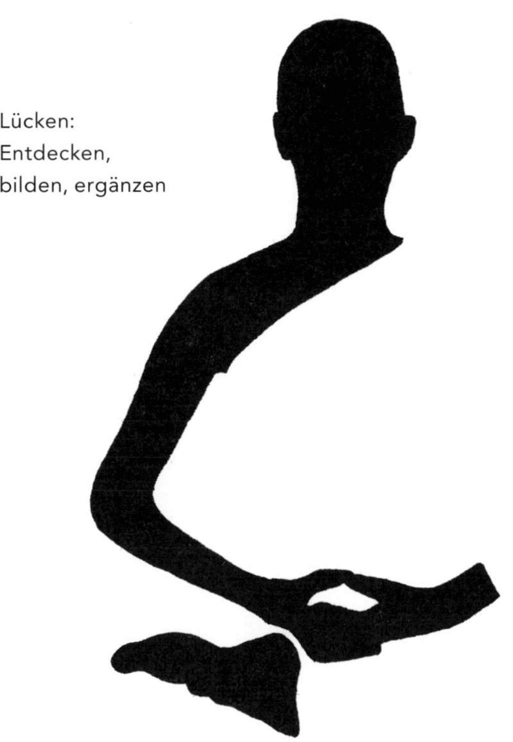

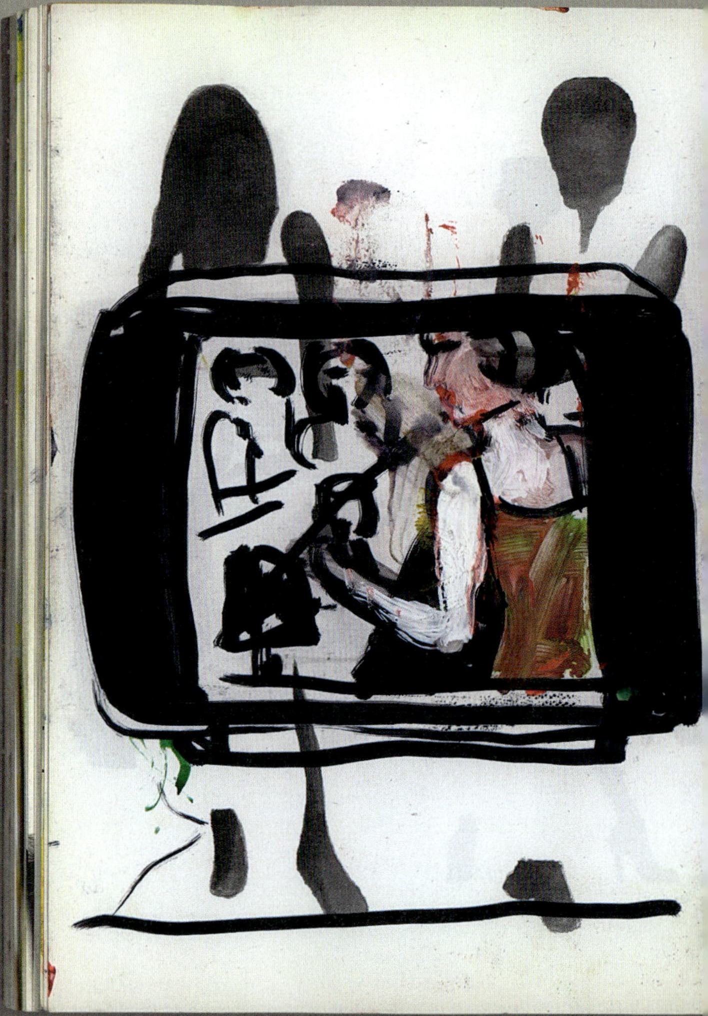

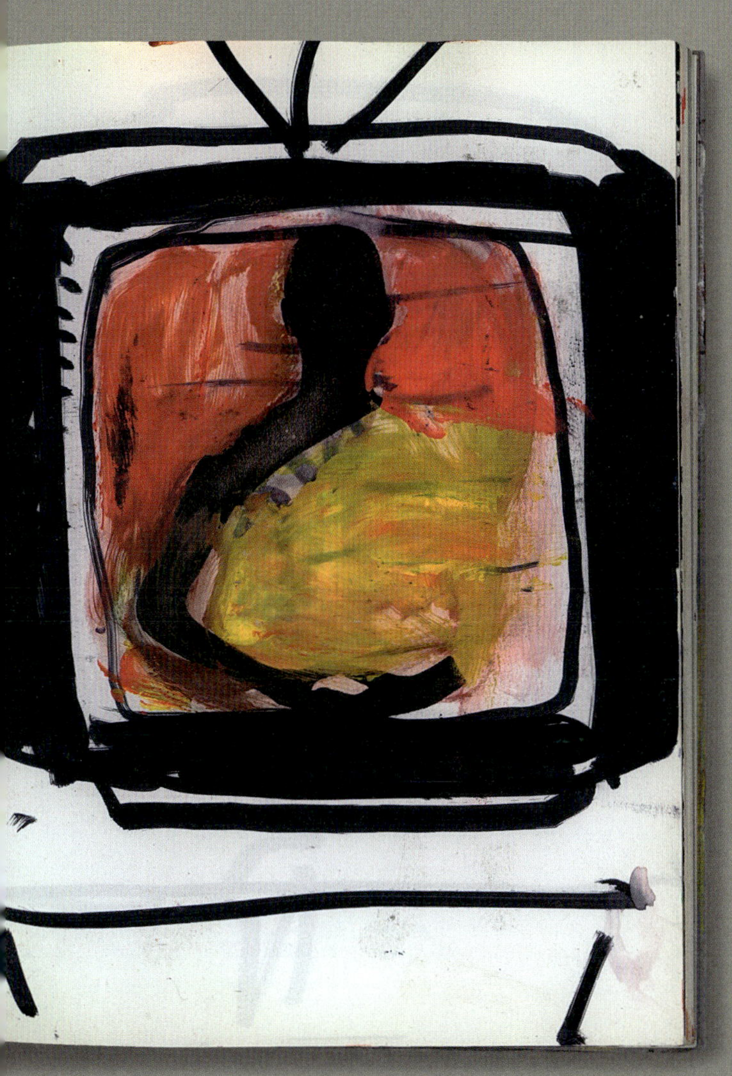

16

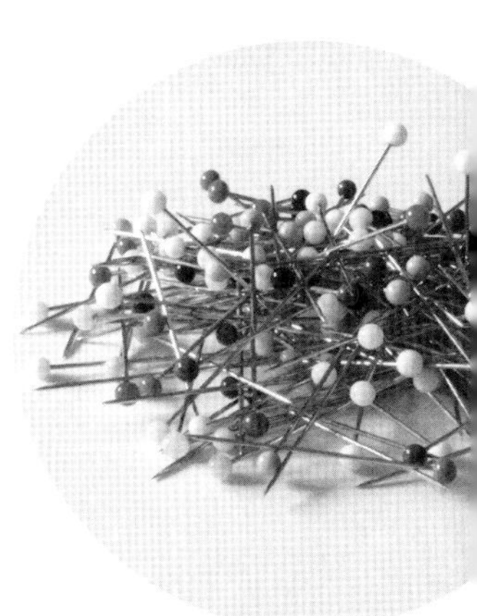

Suchen, aber was ...?

Im grafischen Dickicht und Sammelsurium verstecken sich Formen, die das gestaltsuchende Auge animieren, Entdeckungen zu machen. Die nähere Betrachtung, der zweite Blick, zeigt ein Angebot, das Formenvielfalt beinhaltet.

Suchen Sie im Gewusel von kleinsten Bildelementen nach figürlichen Eigenschaften.
Mittel: Vergrössern (Lupe), Grafik

Suchen:
Verdeutlichen, erkennen

17

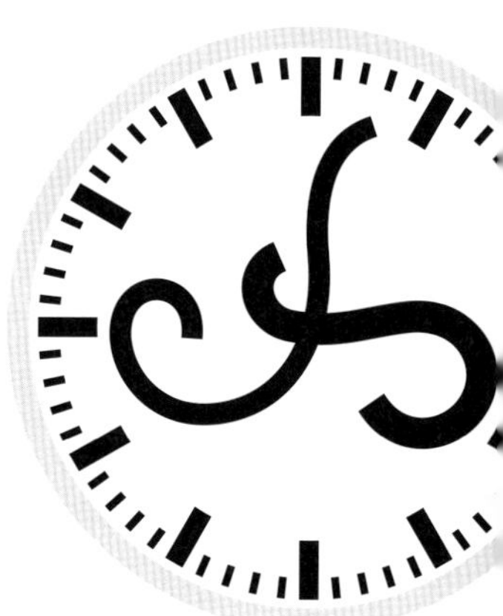

Eigene Zeitzonen nutzen

Morgen ist auch noch ein Tag – heute jedoch will ich experimentieren, fantasieren, schreiben, kritzeln, schmieren, malen, schneiden, kleben … Freude gestalten und – hoffentlich – erlebbar machen. Das Produkt mag ein Bild sein, für die eigene Beurteilung ist das Bauchgefühl ebenfalls von grosser Bedeutung. Selbst die blosse Tätigkeit kann befriedigend sein, unabhängig vom Resultat. (Obschon wir wissen, das Ziel ist das Ziel – meistens.)

Suchen Sie im Liniennetz
nach eigenen Figuren.
Mittel: Zeichnung

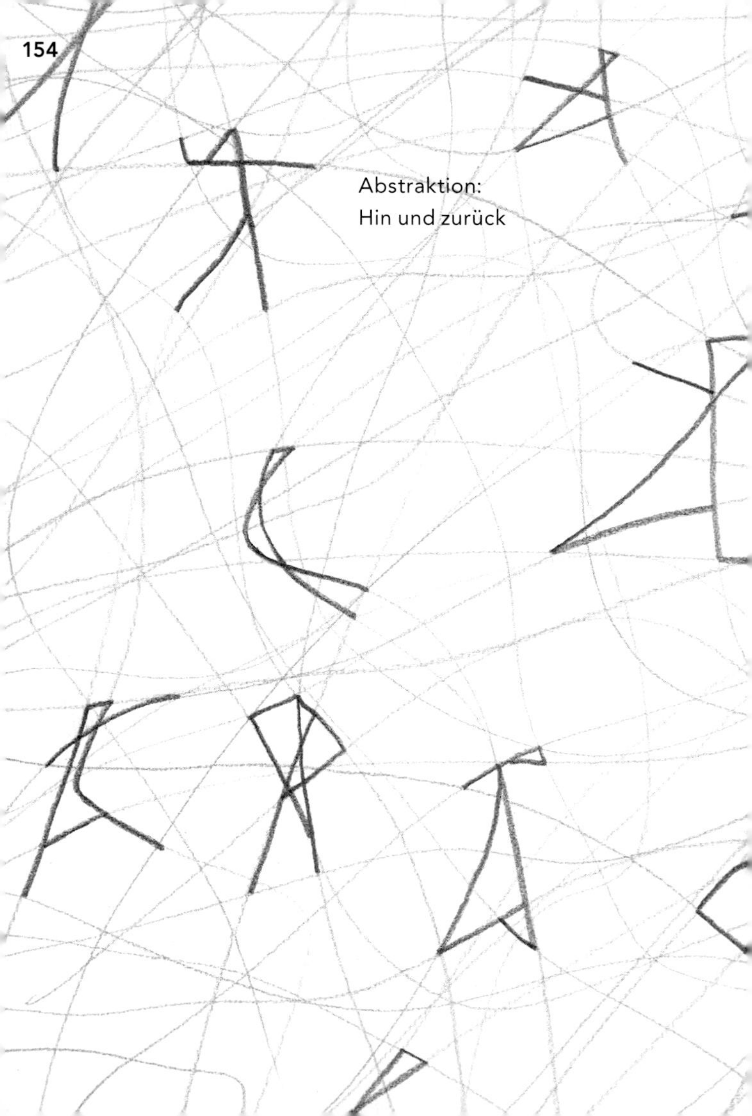

Abstraktion:
Hin und zurück

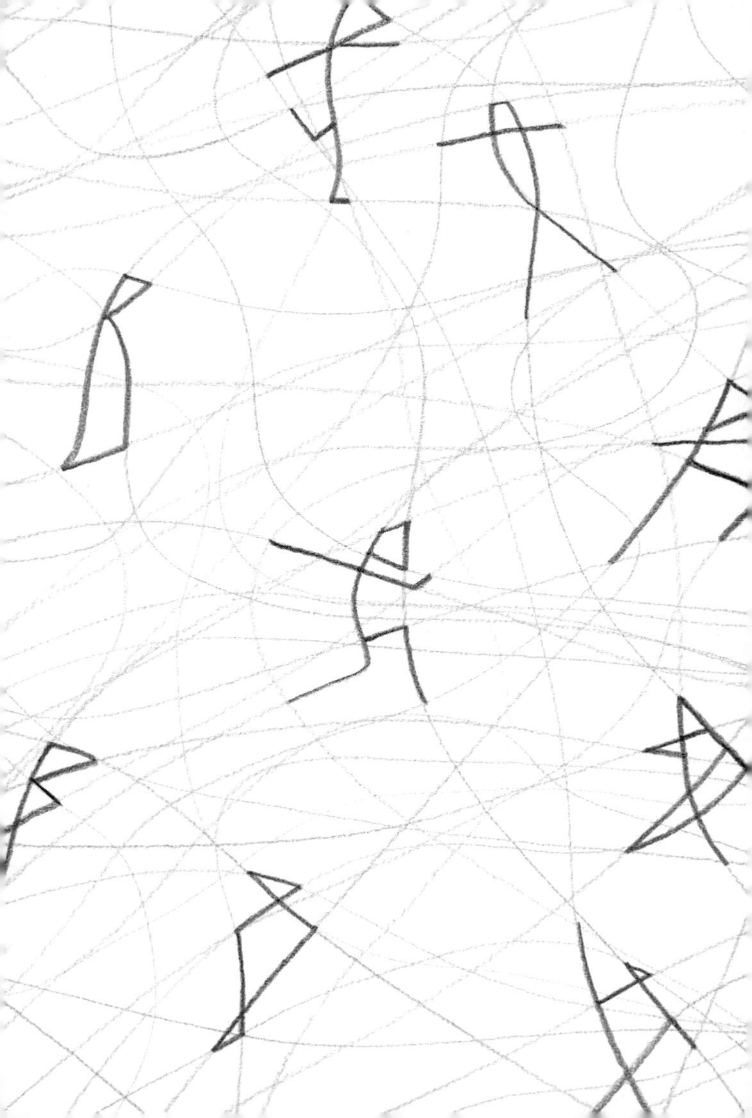

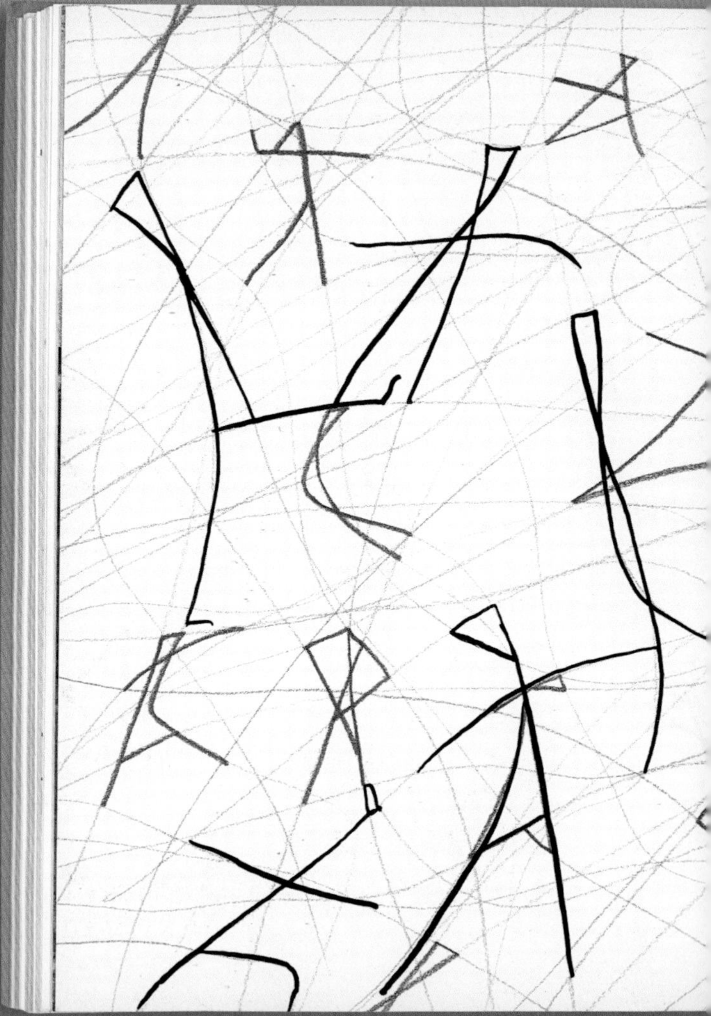

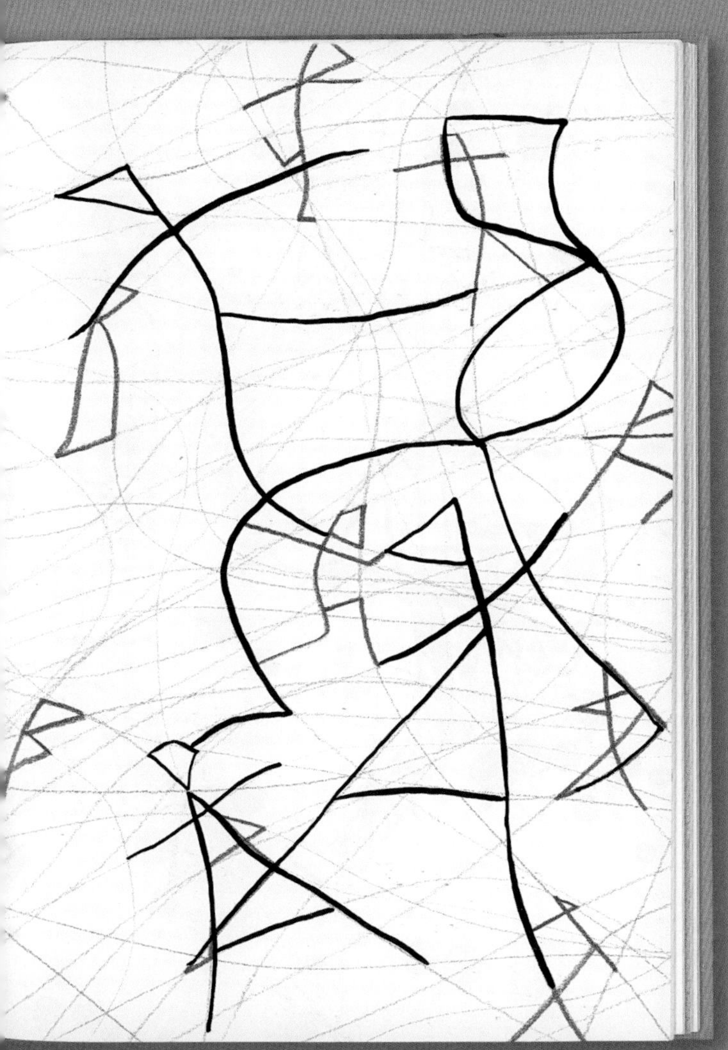

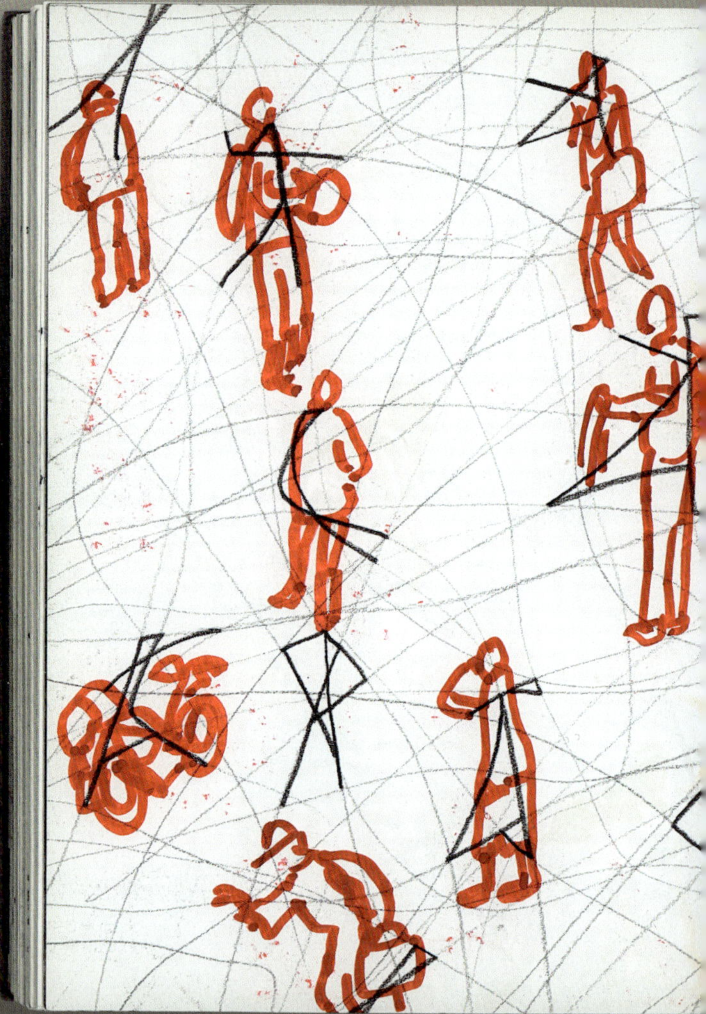

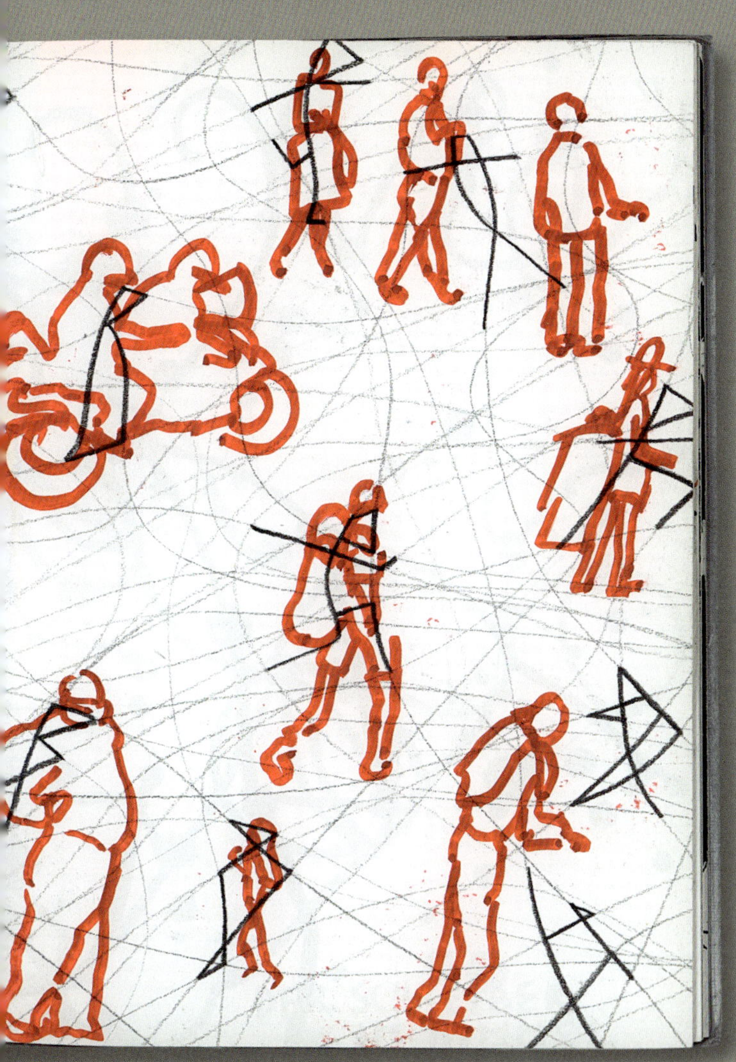

18

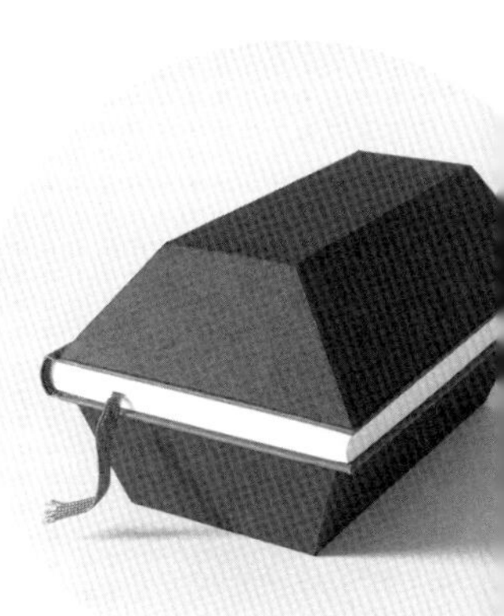

Das Lernen stirbt zuletzt

Lehrstoffe finden, Lehrziele so gestalten, dass eine Entwicklung wahrscheinlich ist, wird im Allgemeinen nicht mit dem gesunden Ehrgeiz in Verbindung gebracht. Beim Lernen des Lernens ist «do it yourself» zwar langsamer und darum weniger effizient, aber mit Sicherheit nachhaltiger. Rollenwechsel sorgen für Entwicklung, das Meisterprinzip verteilt sich auf viele Augen, Hände und Köpfe. Anhaltspunkte bieten sich überall an, wenn nicht, kann man sie erfinden.

Suchen Sie in den gestreuten
Punkten oder Flecken nach eigenen Figuren.
Mittel: Zeichnung

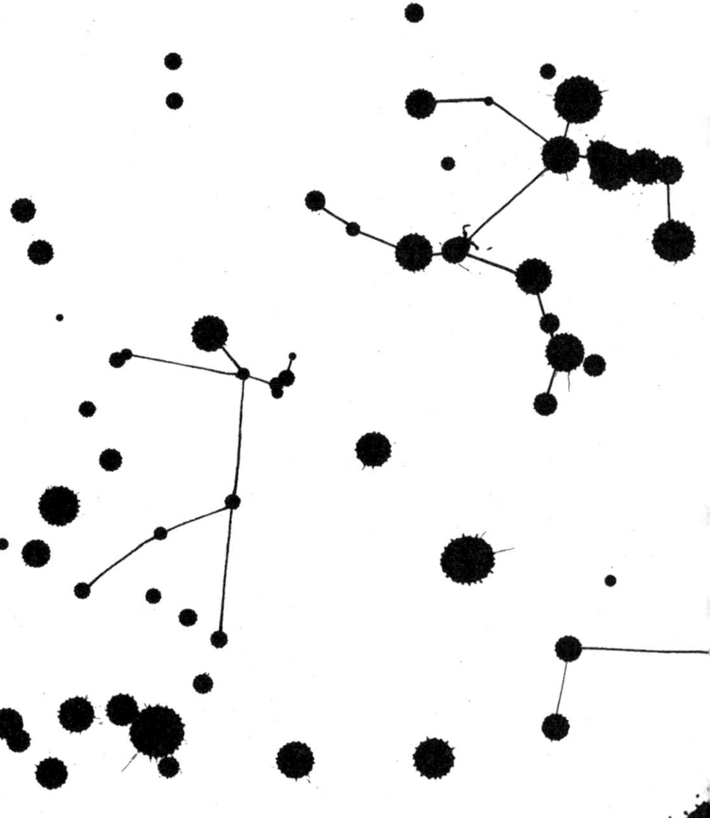

Erwartungshaltung:
Bestimmt, offen

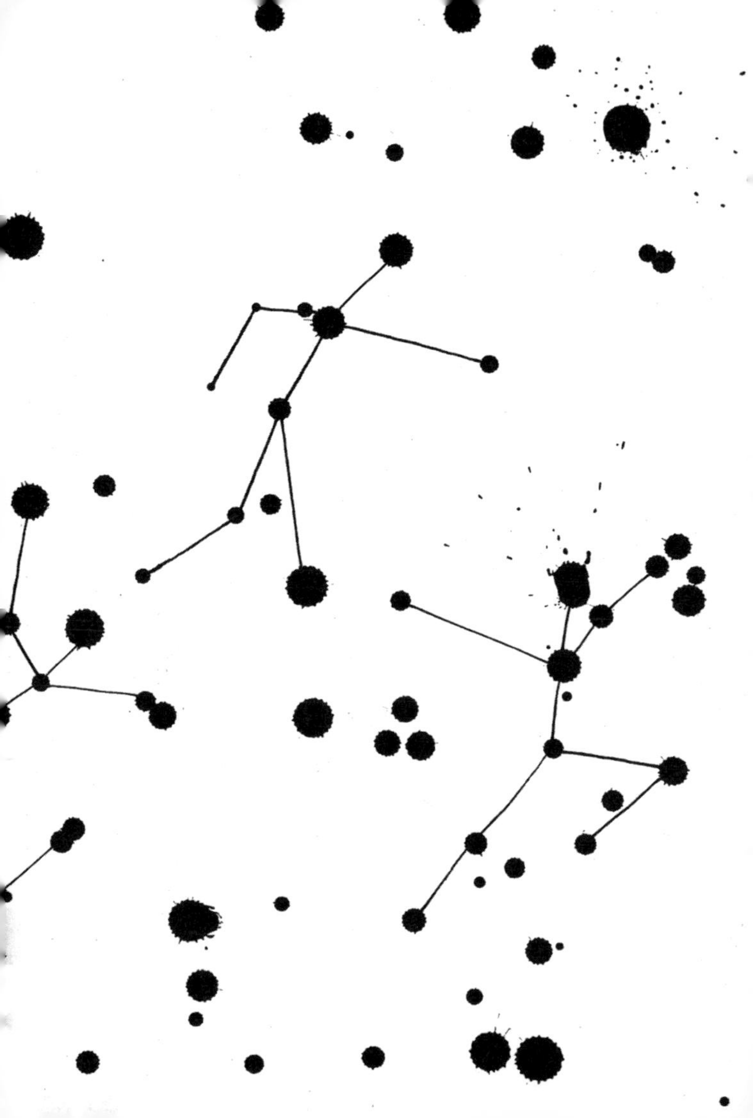

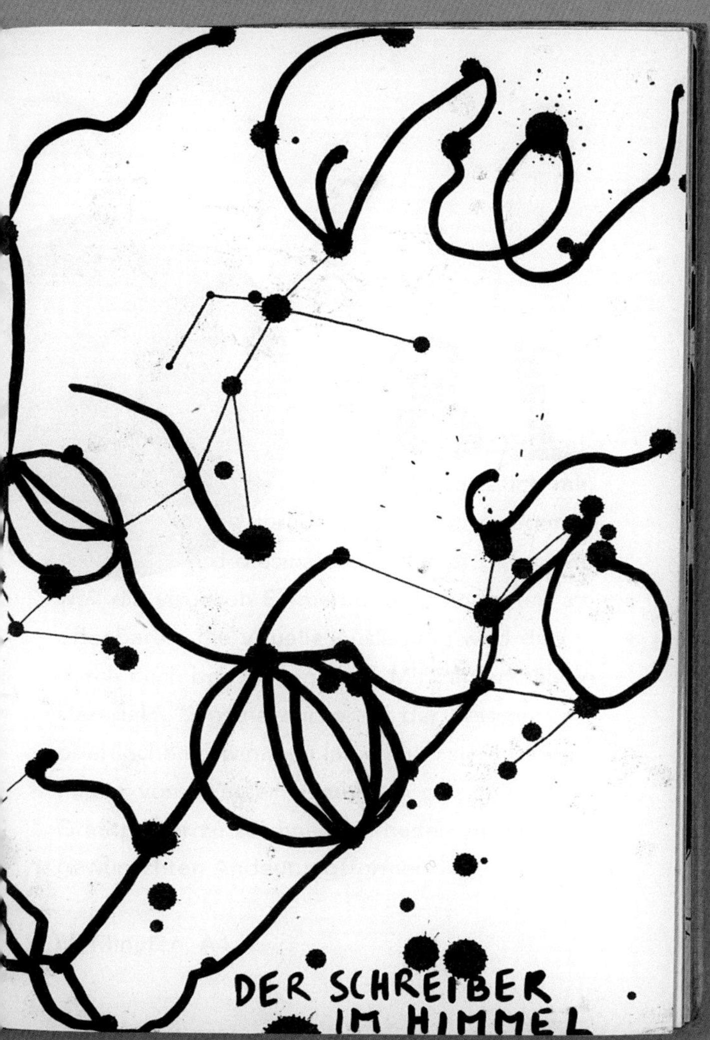
DER SCHREIBER
IM HIMMEL

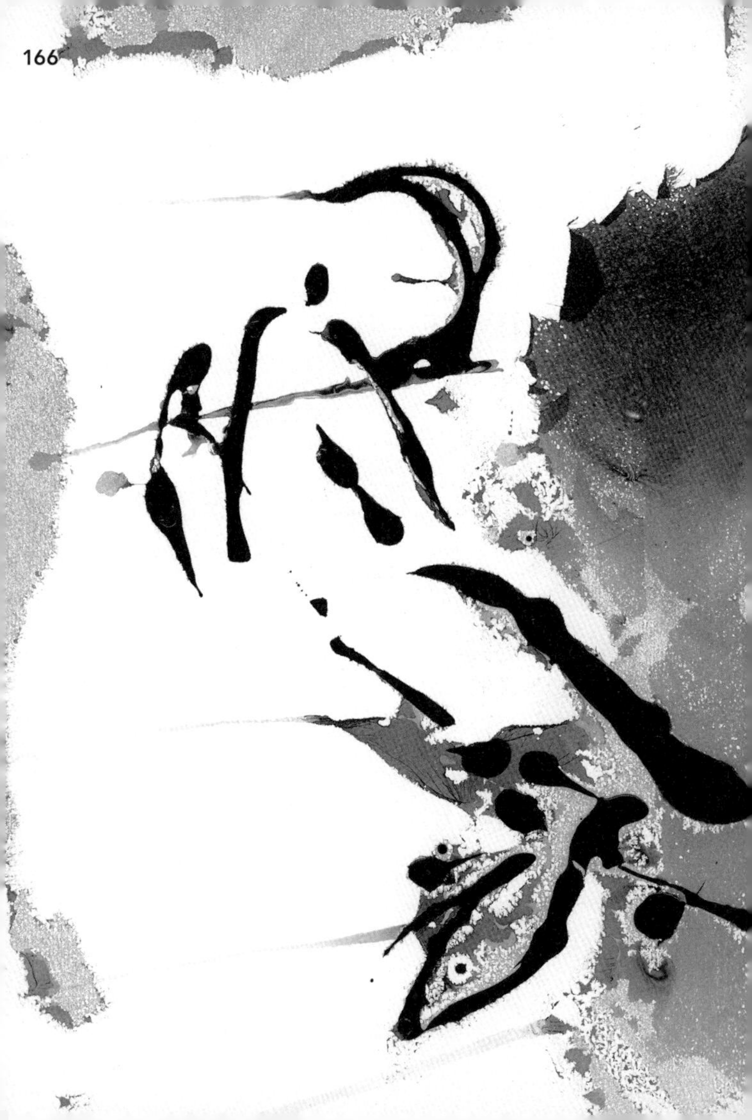

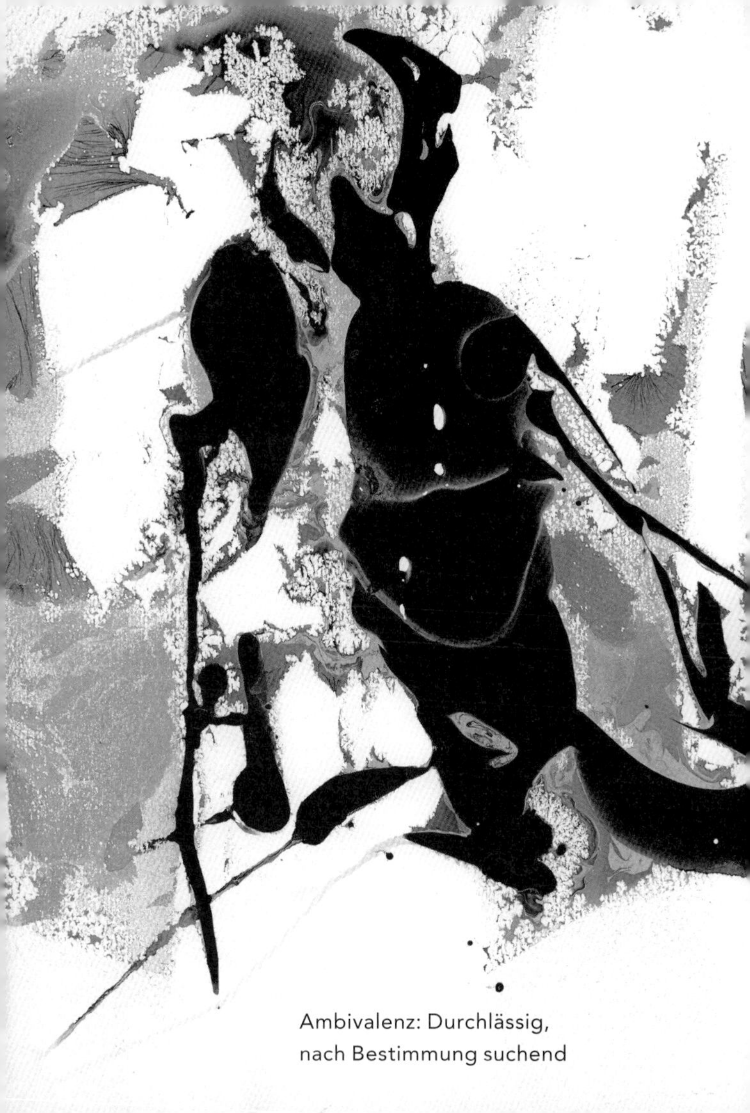

Ambivalenz: Durchlässig,
nach Bestimmung suchend

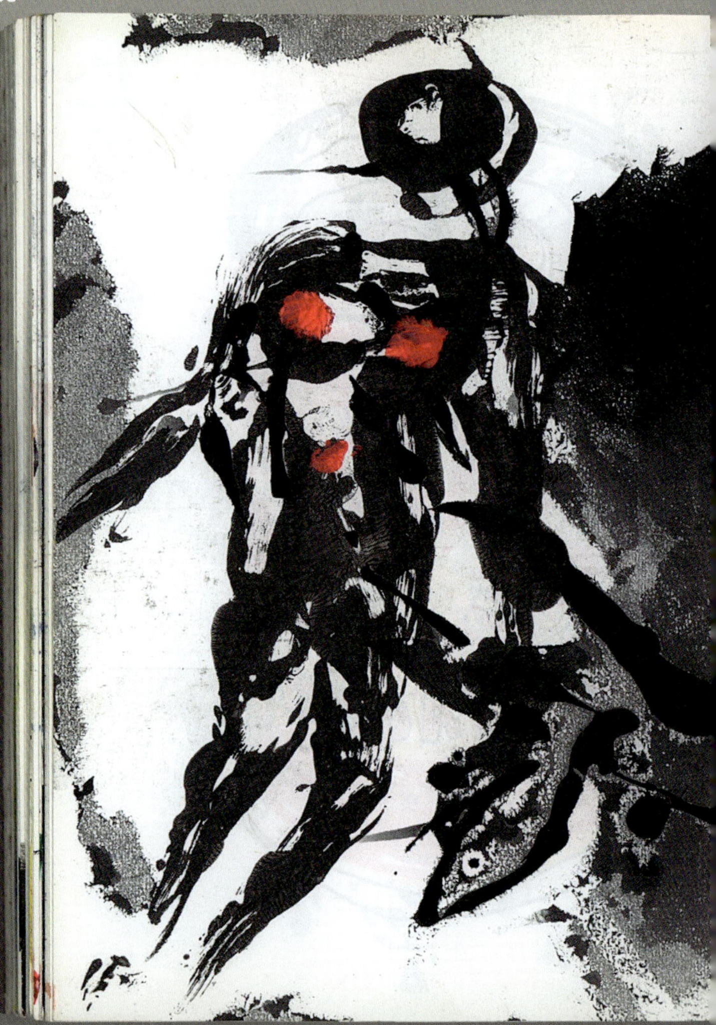

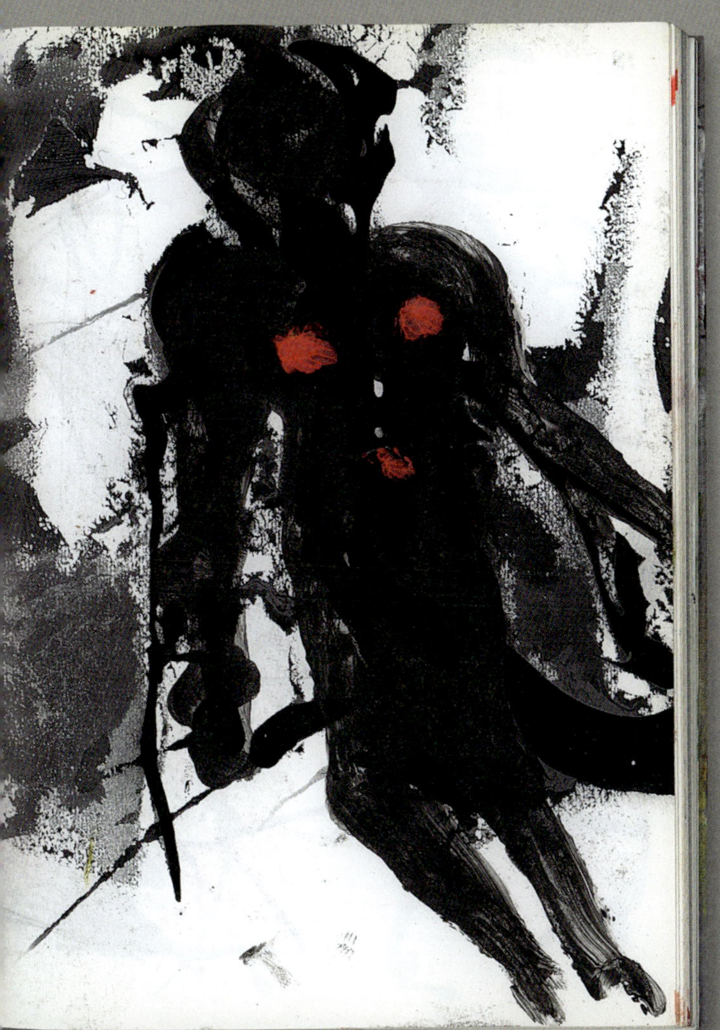

19

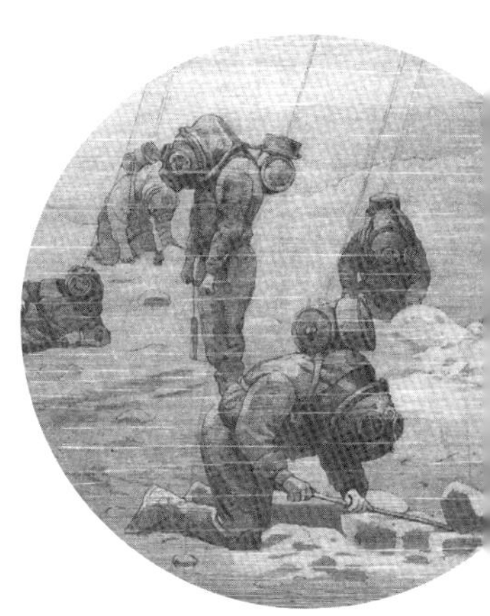

Das Unbekannte denken

Wer sich mit Kulturtechniken einlässt und dabei Überraschungen erlebt, giert geradezu nach weiteren visuellen Eindrücken. Selbst aus einfachsten oder banalsten Bildern können, bei entsprechendem Zutun, Lehren für das selbstbestimmte bildnerische Denken gewonnen werden. Symmetrien (auch die angedeuteten) beinflussen unser Sehen.

Fortsetzung der Übung 18 mit verändertem Bildangebot.
Mittel: Zeichnung, Grafik, Fotokopie

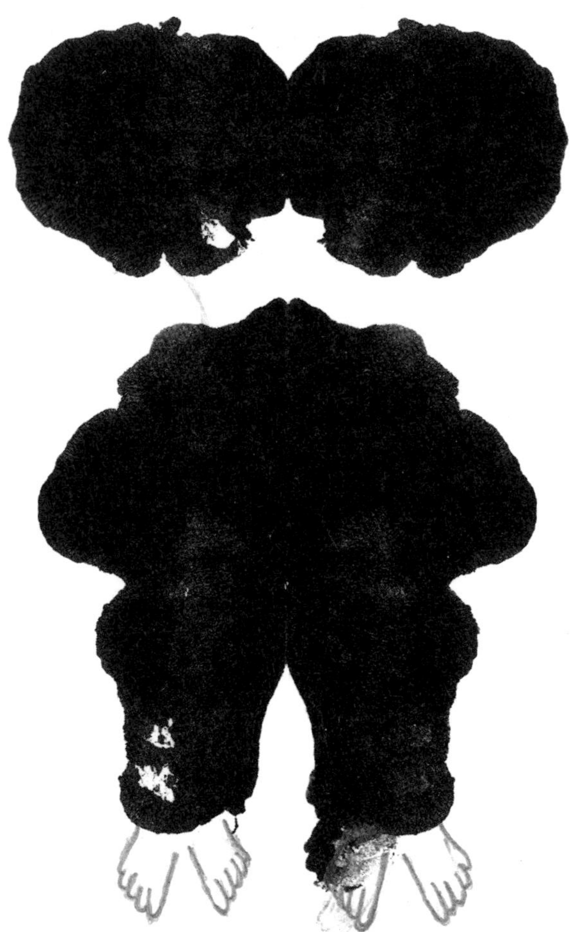

Symmetrie:
Offen für neue Zusammenhänge

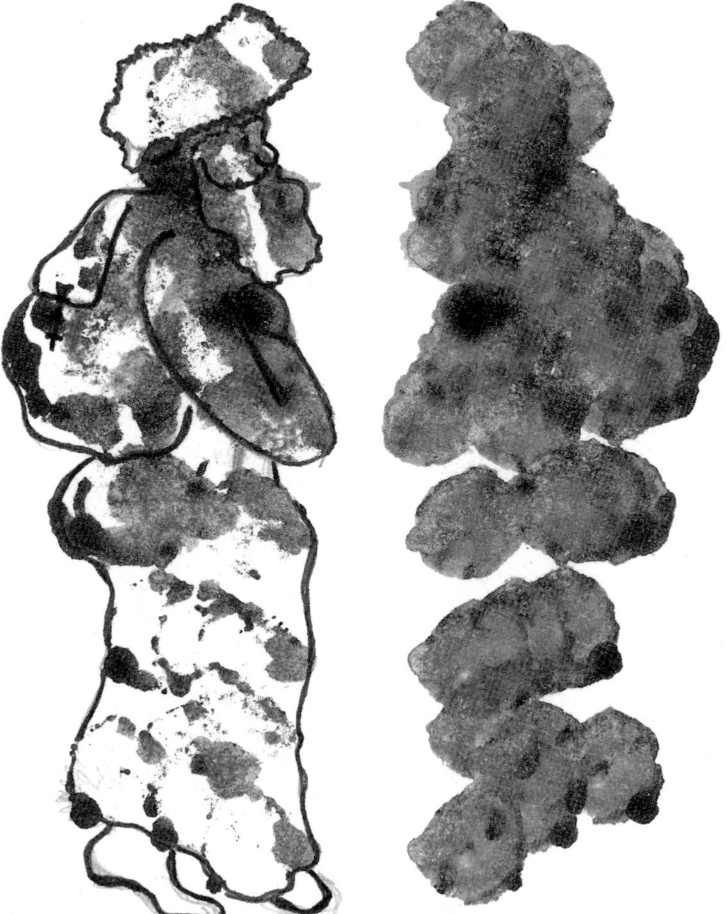

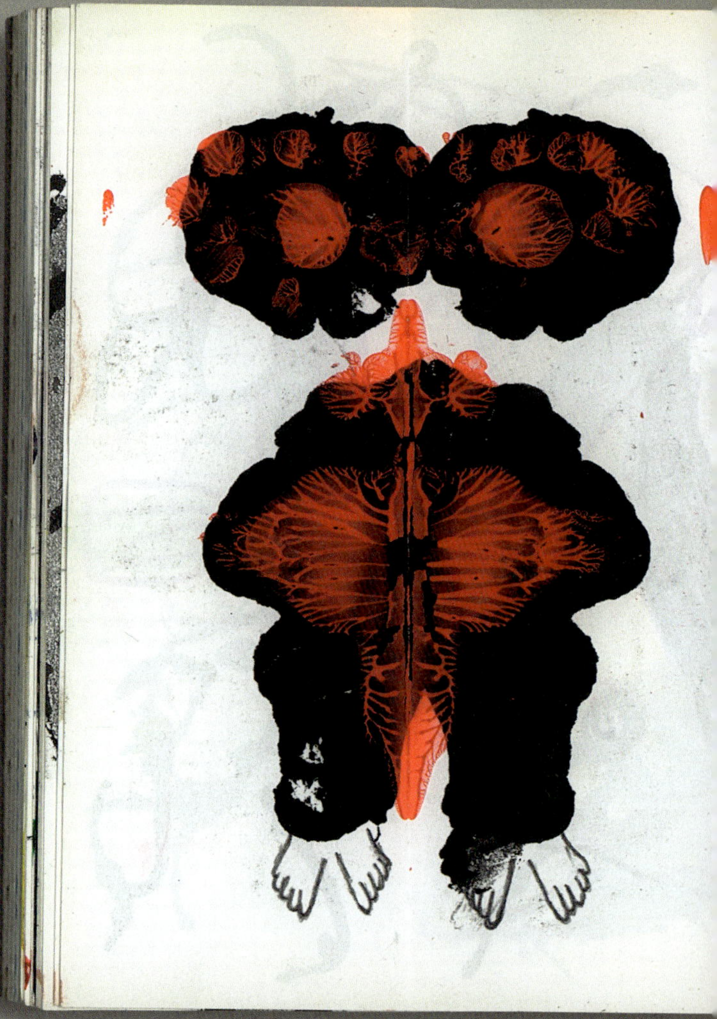

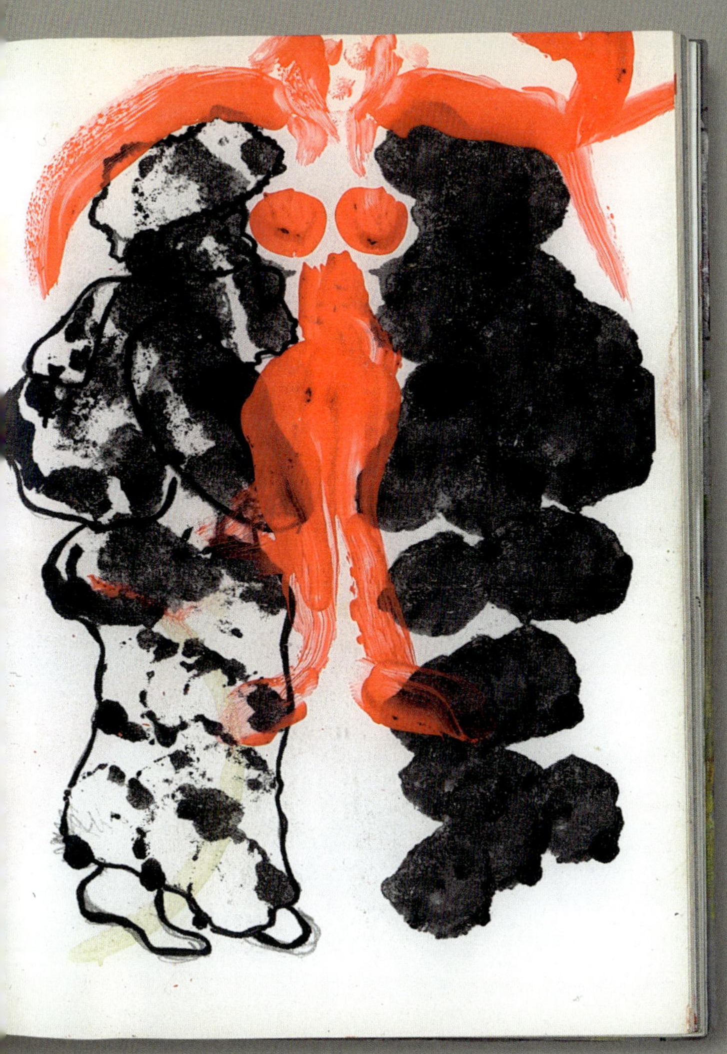

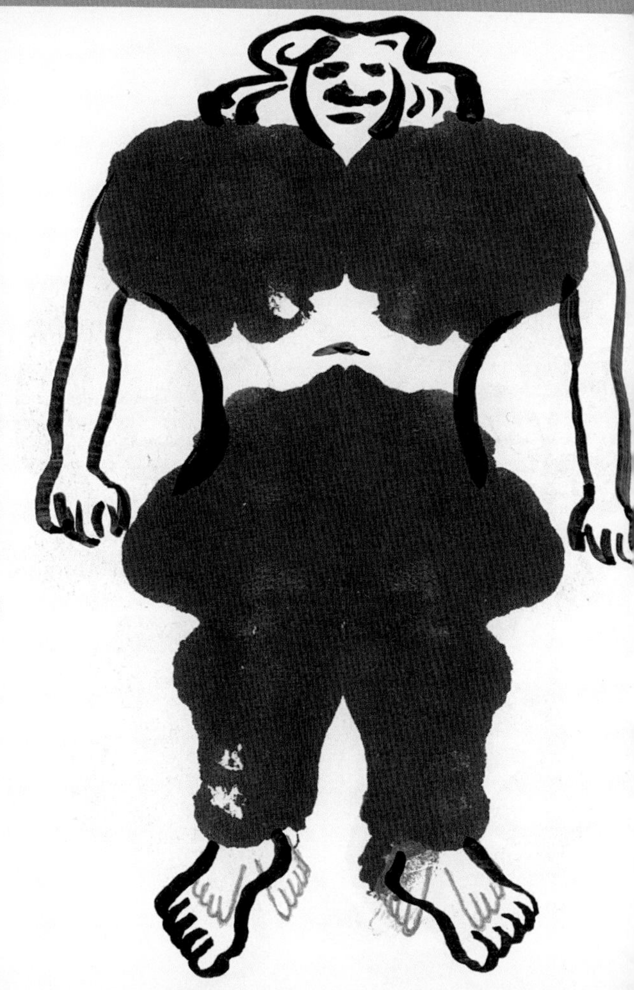

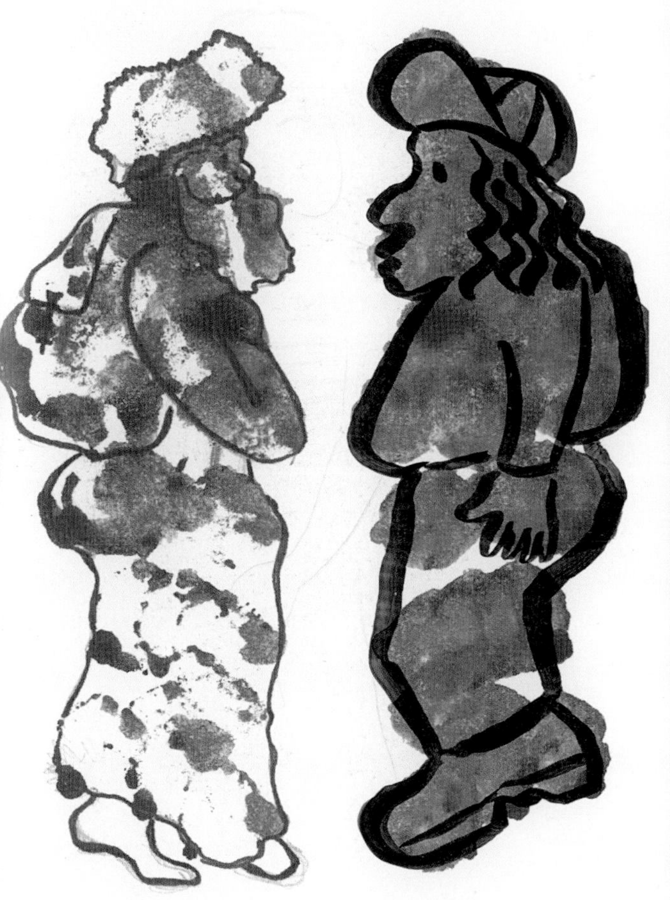

20

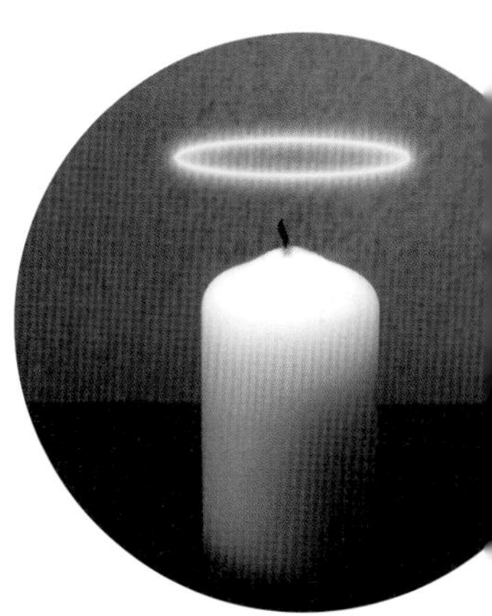

Die Leichtigkeit des Scheins

Rezepte sind in der Kunst verpönt, weil der Eindruck entsteht, man möchte «Begabung» erzwingen. Ihre Freizeit erlaubt es Ihnen, Ihre Begabung zu akzeptieren, wie sie ist. Bildrezepte sollten individuelle Bildvorstellungen fördern. Schulen zwischen Buchdeckeln erfordern keine Aufnahmeprüfungen, Motivation genügt.

Einfache Umrissformen bewegen und ergänzen.
Mittel: Schneiden, biegen, falten

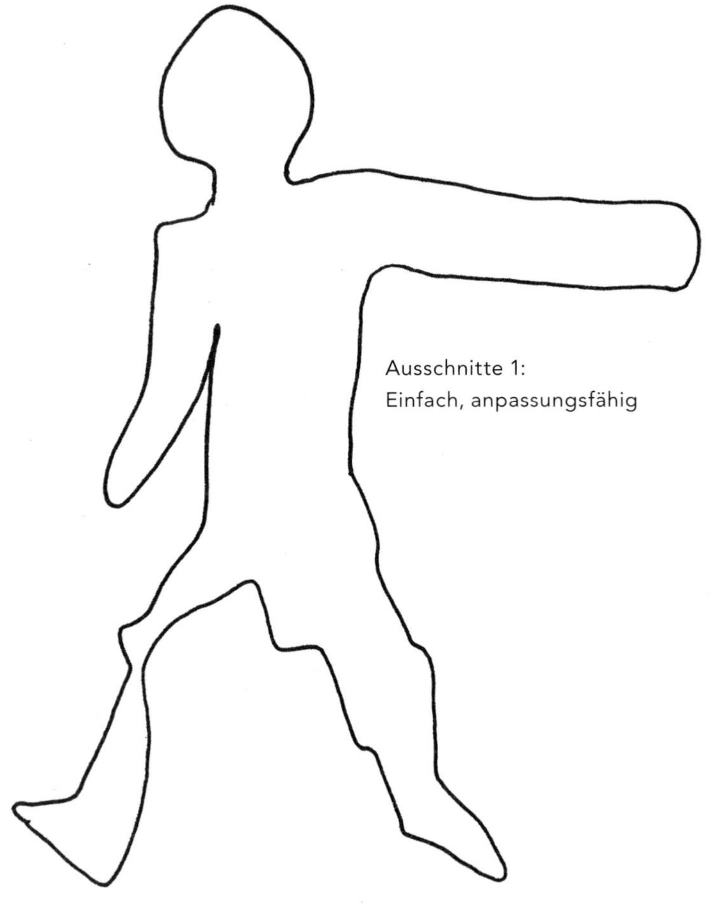

Ausschnitte 1:
Einfach, anpassungsfähig

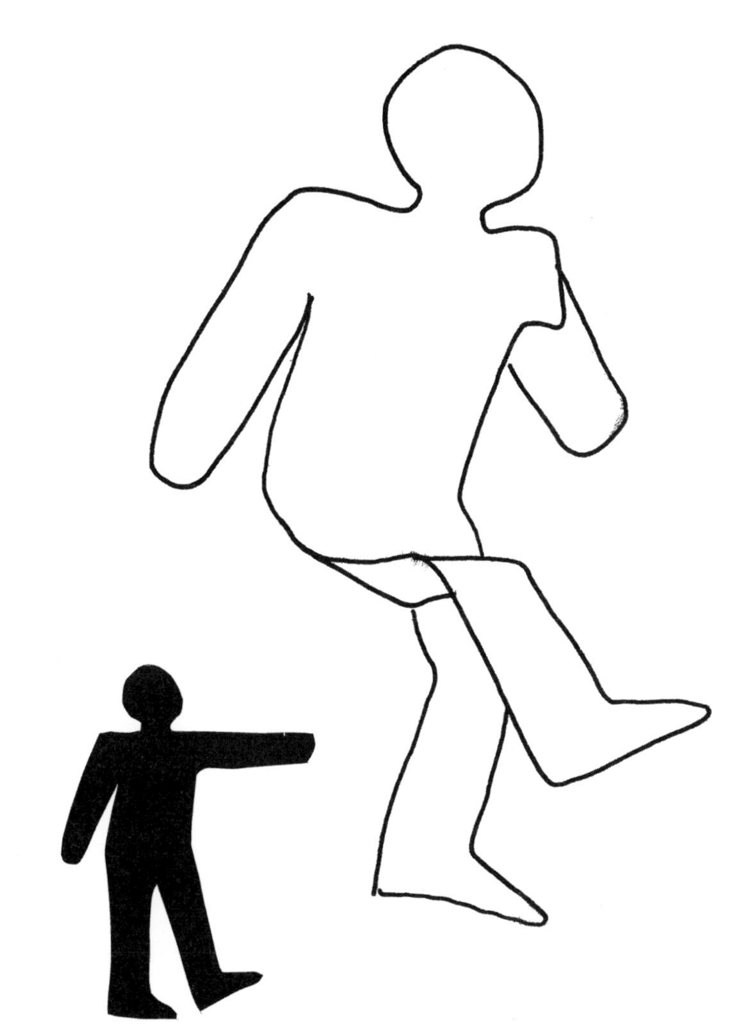

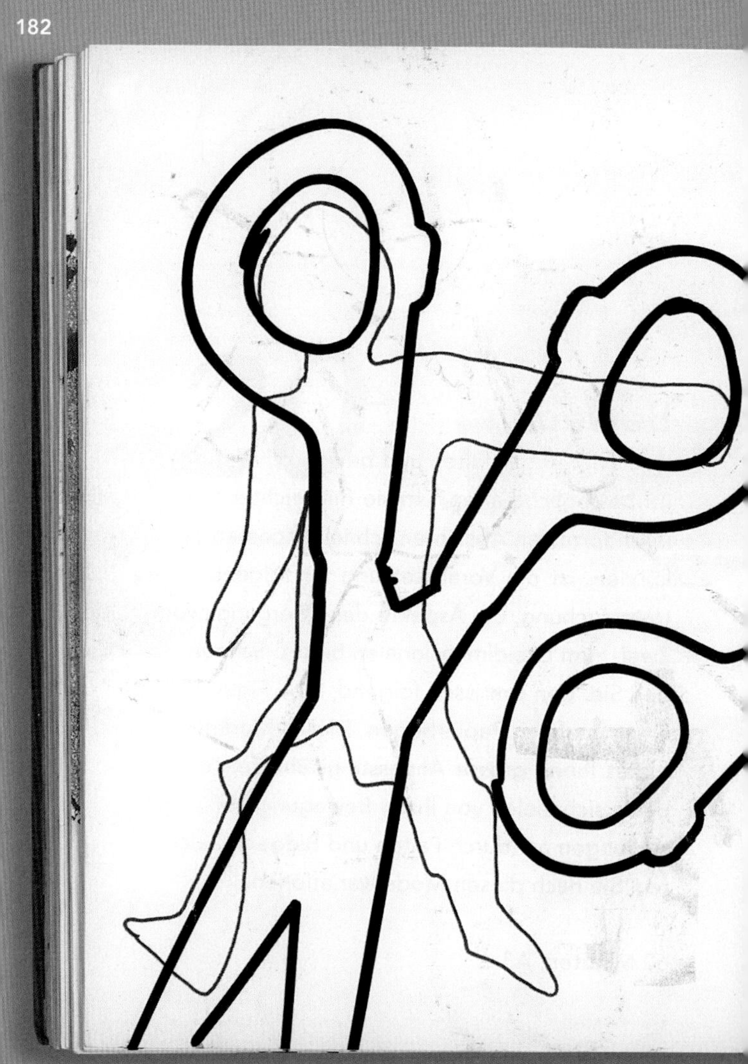

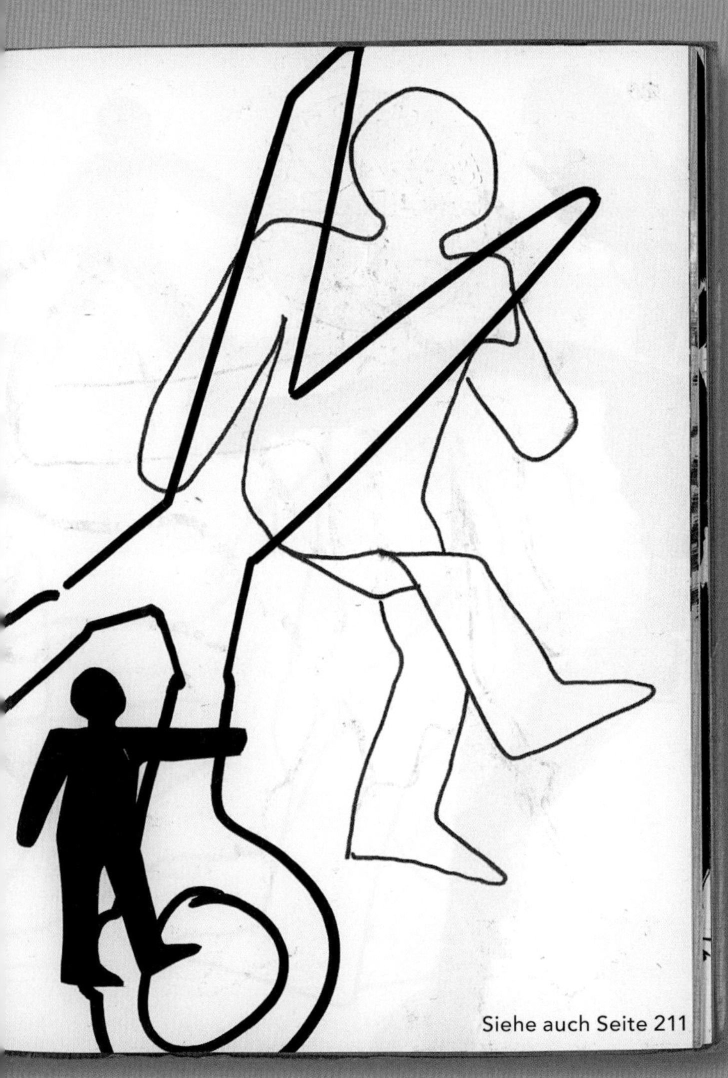

Siehe auch Seite 211

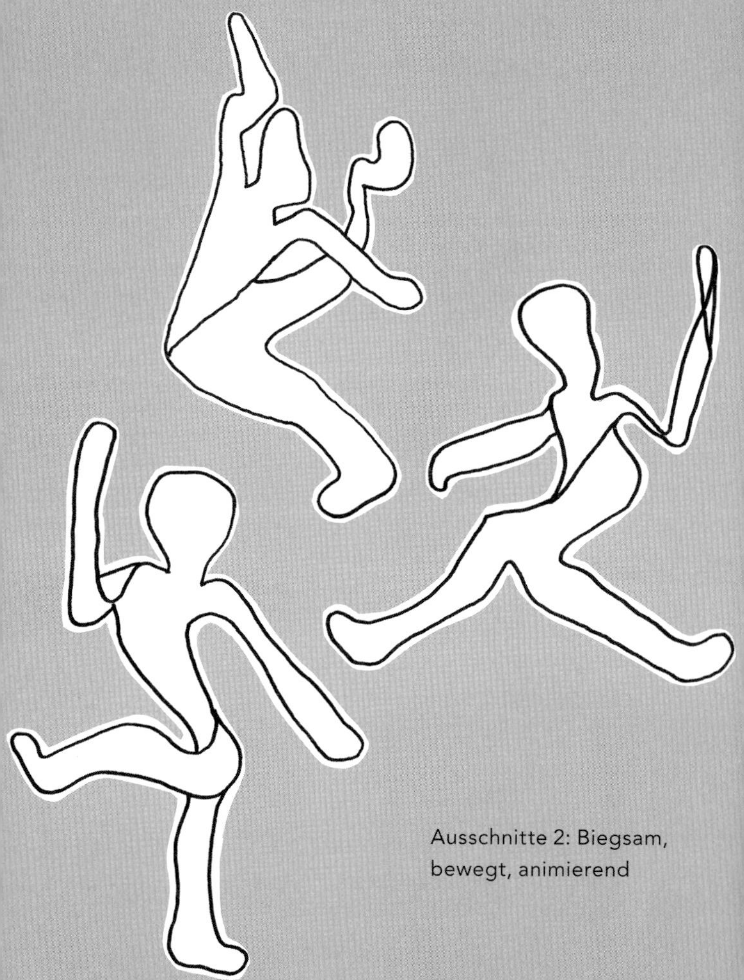

Ausschnitte 2: Biegsam, bewegt, animierend

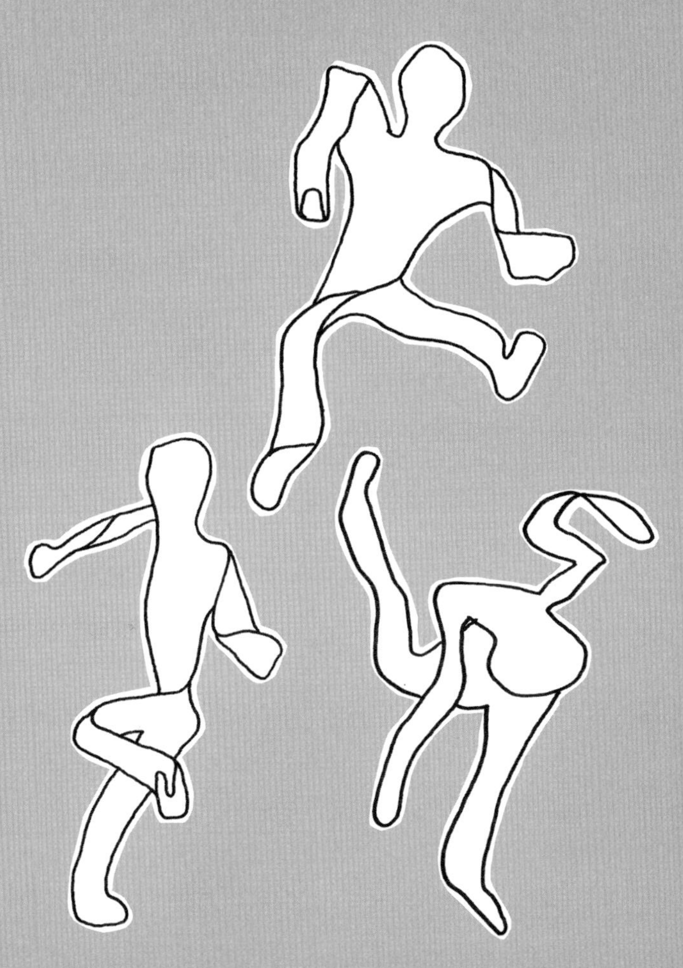

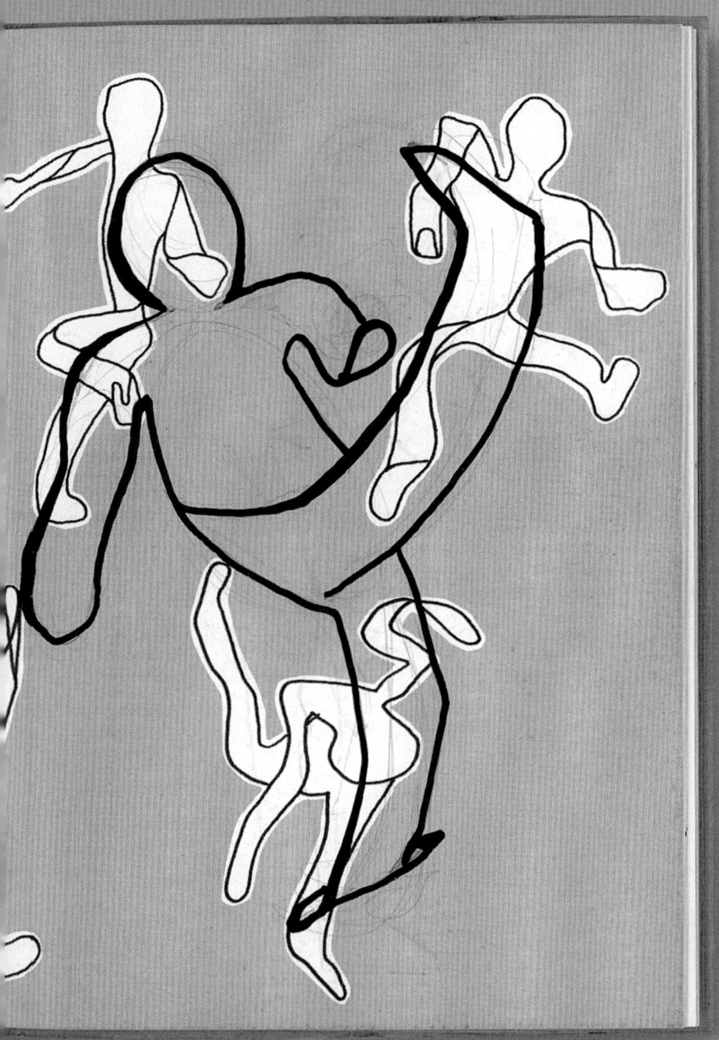

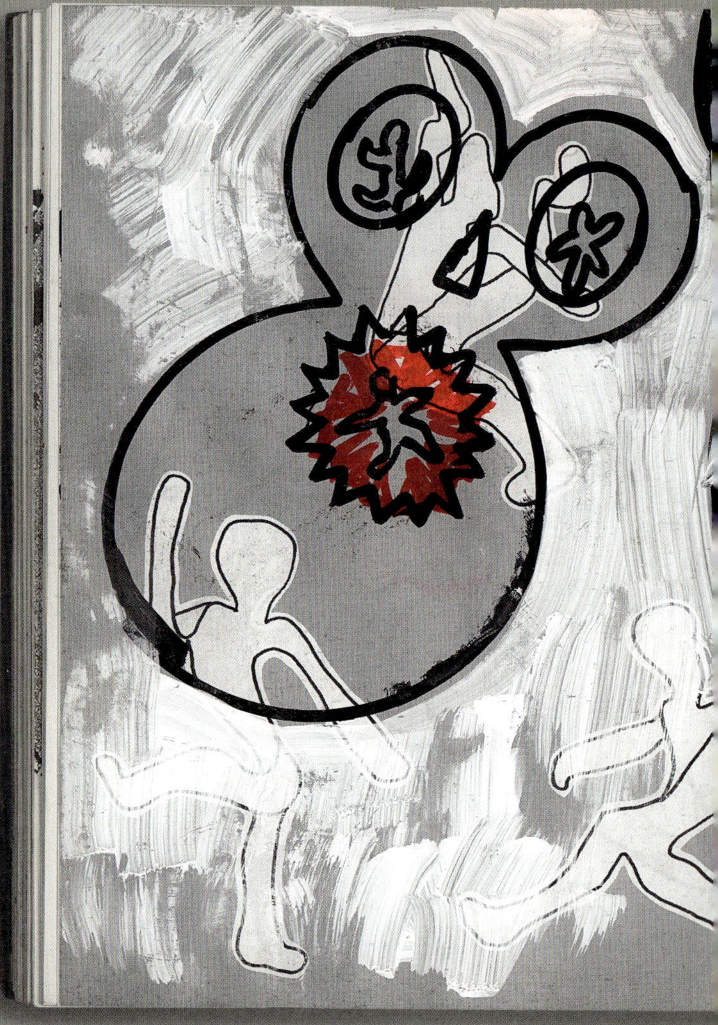

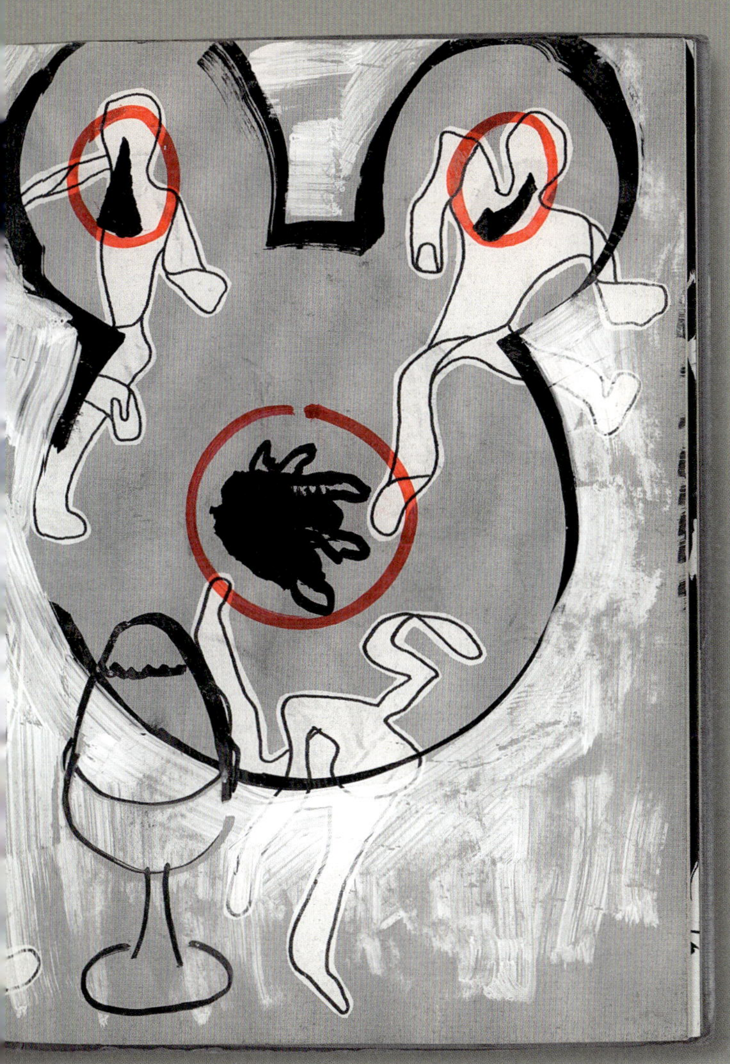

21

tOLeranz
Tolleranz
Dolleramz
TORELANZ
Toler4nz

Die Toleranz

Auch Wahrnehmung kennt natürlich die Unterscheidung zwischen richtig und falsch. Die Toleranz der Erwachsenen wächst, wenn in der figürlichen Darstellung «Fehler» gemacht werden (Der scheinbare Naturalismus – denken Sie an das Bild in Ihrem Ausweis – wirkt häufig sehr wirklichkeitsfremd). Bei figürlichen Zeichnungen ist niemand überrascht, wenn sie «falsch» ausfallen.

Strichmännchen sind weit entfernt von realistischen Bildern und trotzdem können sie ausdrucksstark sein. Die Zeichnung wird gedacht. Versuchen Sie einfachste Darstellungen, verbinden Sie diese mit Stichworten.
Mittel: Kritzeln, Skizzen, Worte

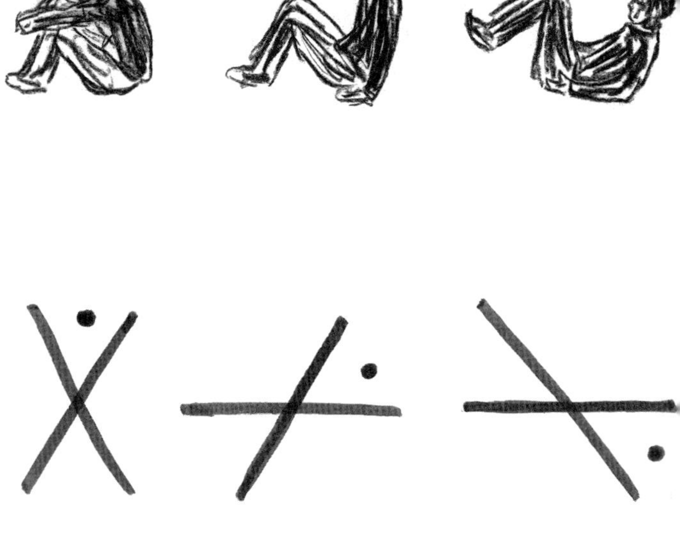

Piktogramme:
Unterscheiden, verbinden – hinter dem Einfachen verbirgt sich auch das Komplexe

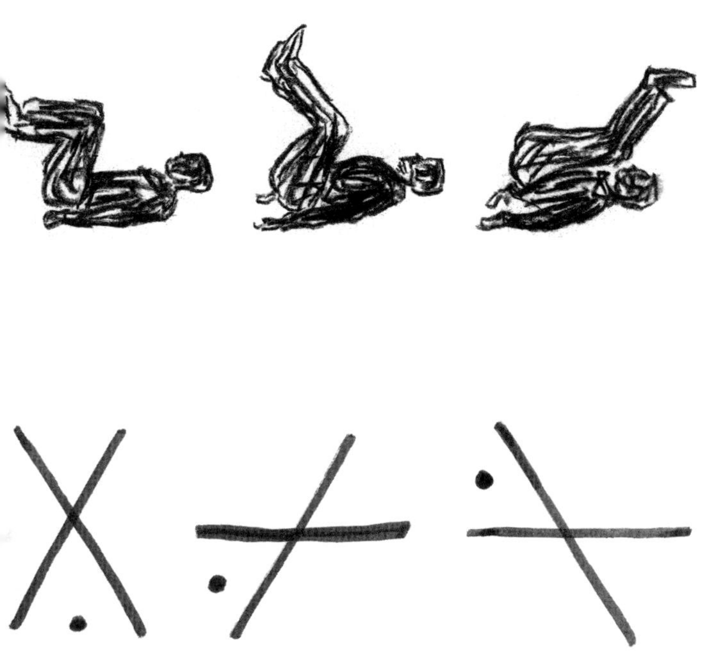

Siehe auch Seite 221

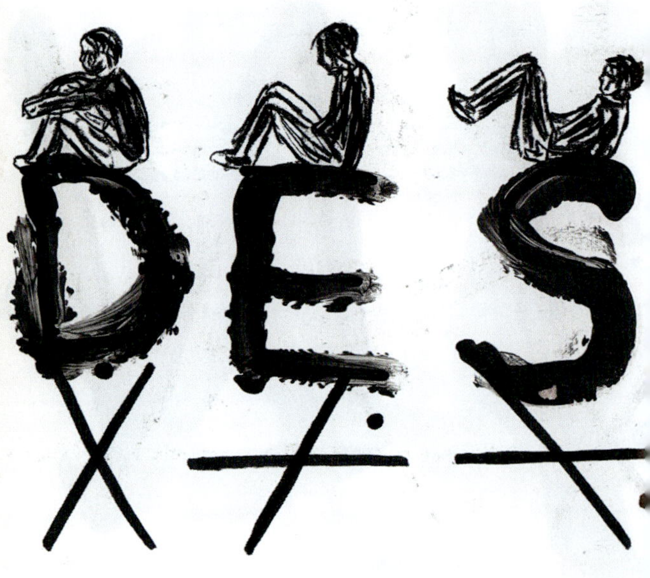
DES

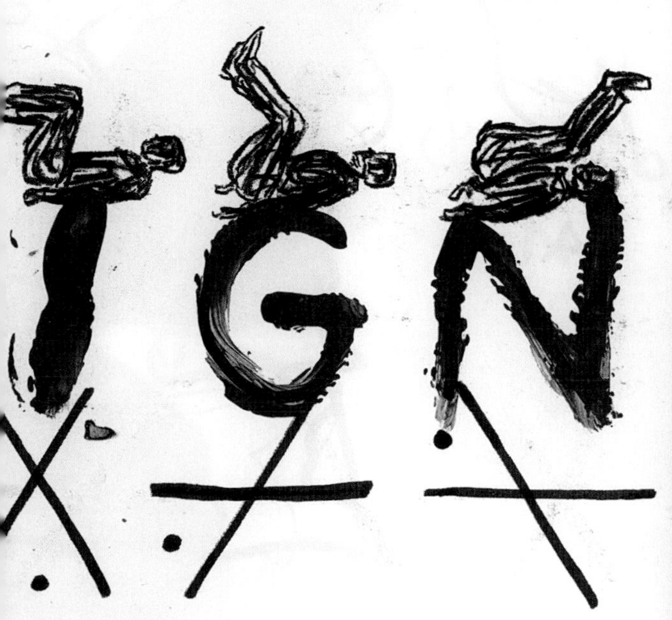

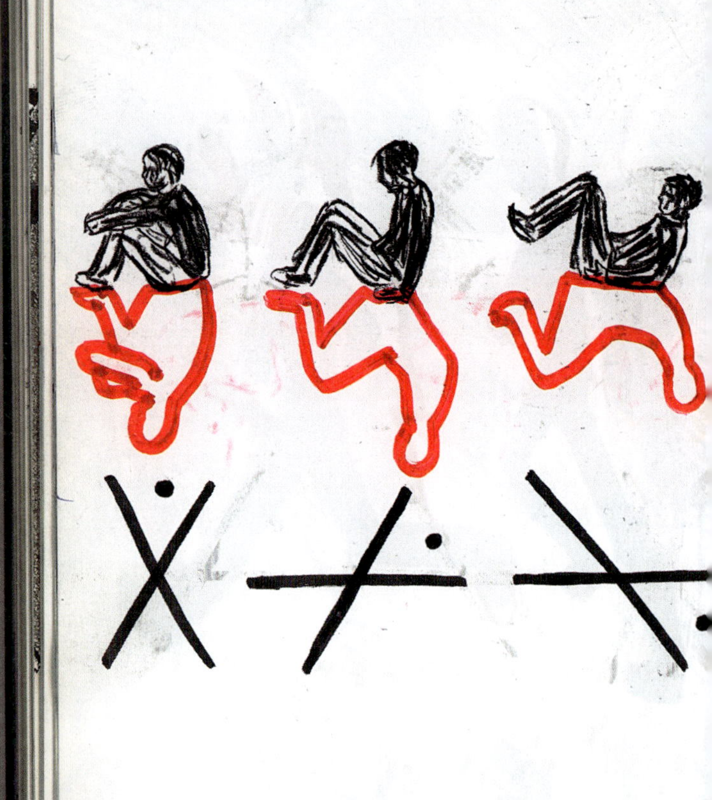

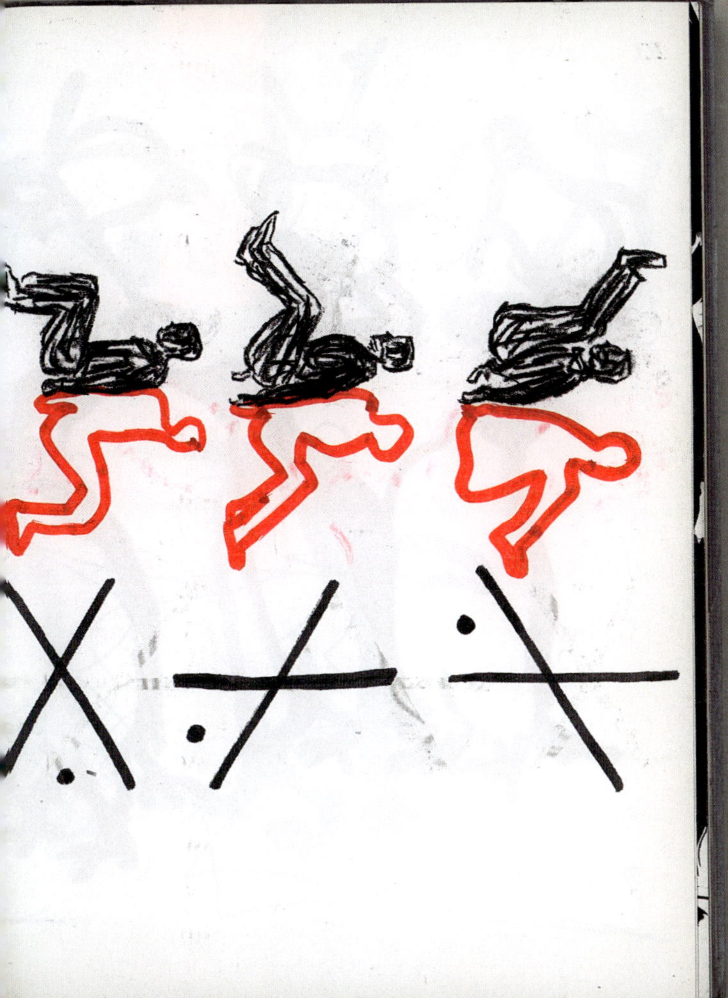

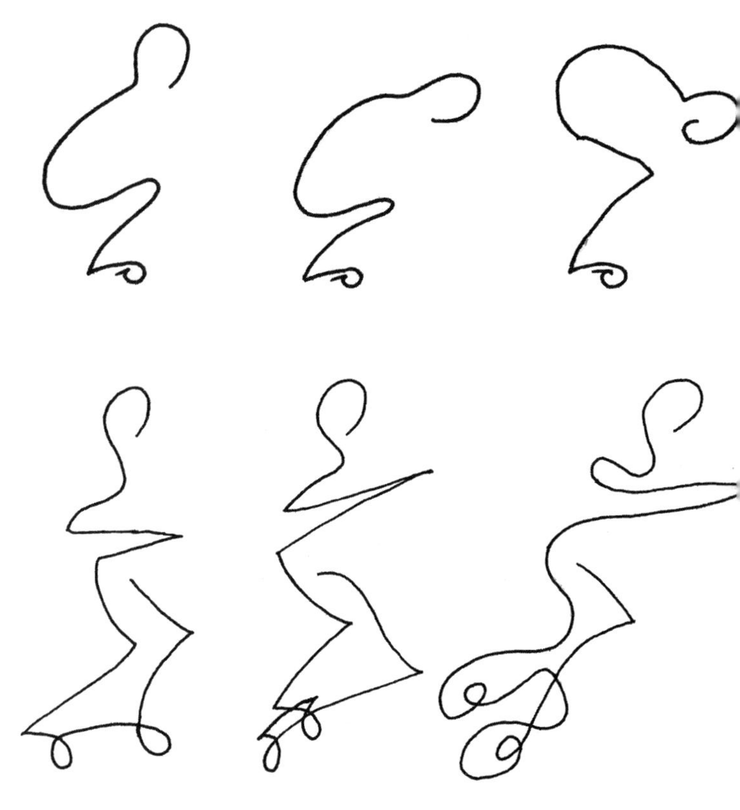

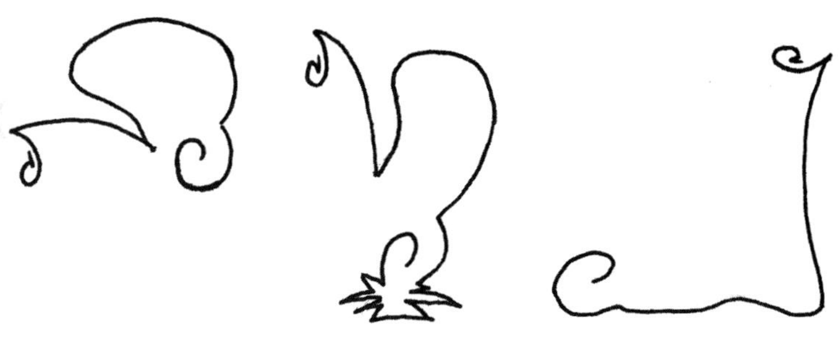

Bewegungsablauf:
Linear, figürlich, mehrdeutig

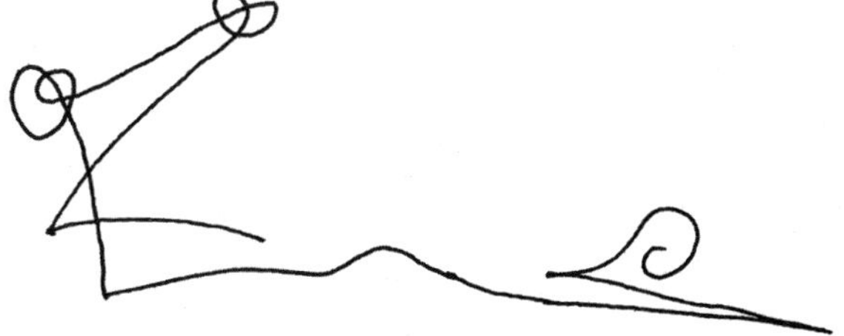

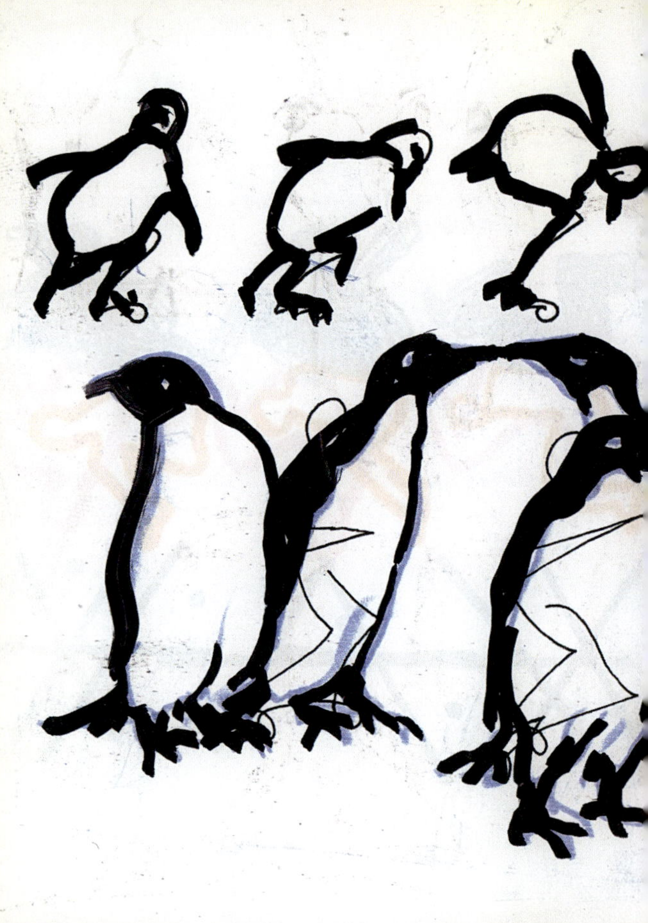

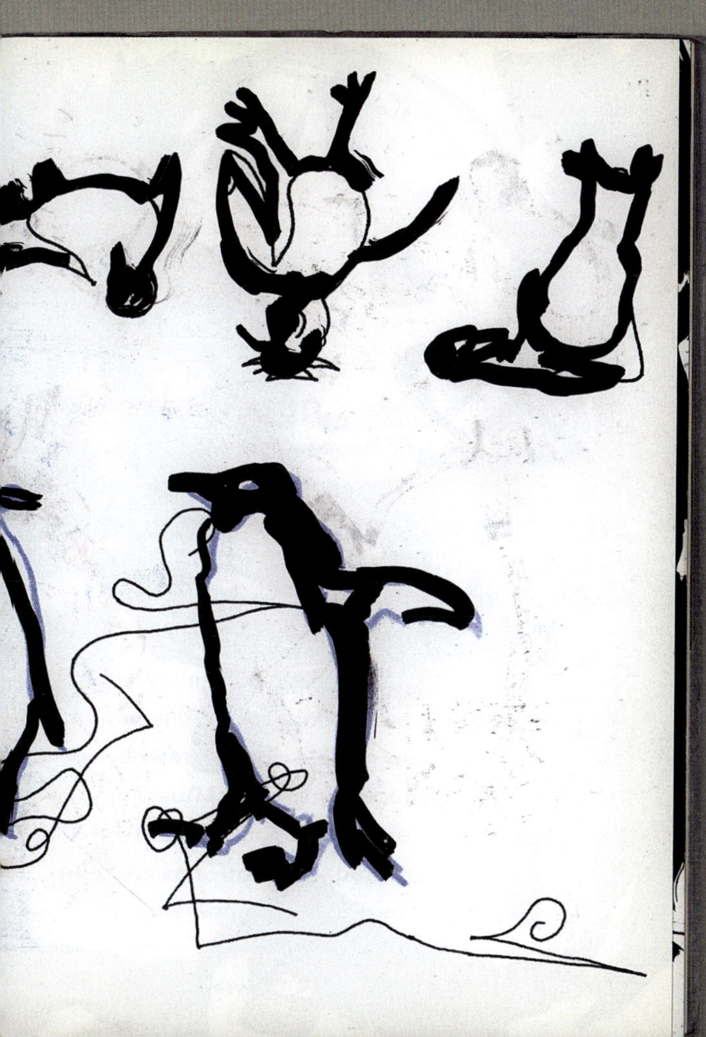

22

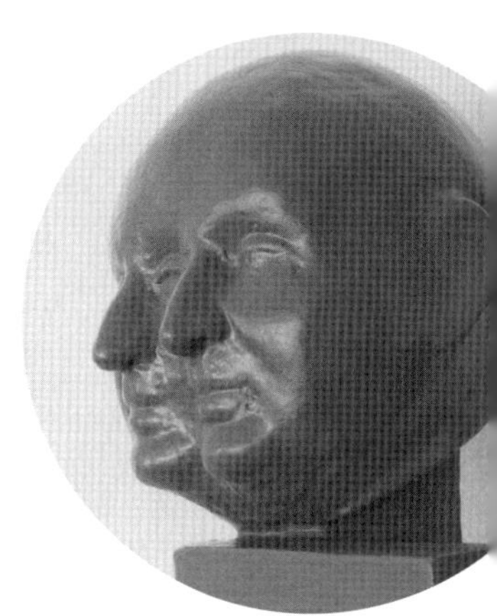

Dieses oder doch lieber jenes Ich?

In der Beurteilung von Individualität sind die meisten von uns «wertend» fixiert. Wir schätzen zwar die Vielfalt, knausern aber, wenn es um die Wertschätzung verschiedener individualitätsansprüche geht. Jeder Mensch setzt sich aus verschiedenen «Selbstbildnissen» zusammen, die einen zeigen wir, die anderen behalten wir für uns.

Individualisieren Sie die Pappfigürchen.
Verleihen Sie den Figuren Merkmale,
die auf Sie verweisen.
Mittel: Zeichnung, Grafik, Fotografie, Kopie, (Collage)

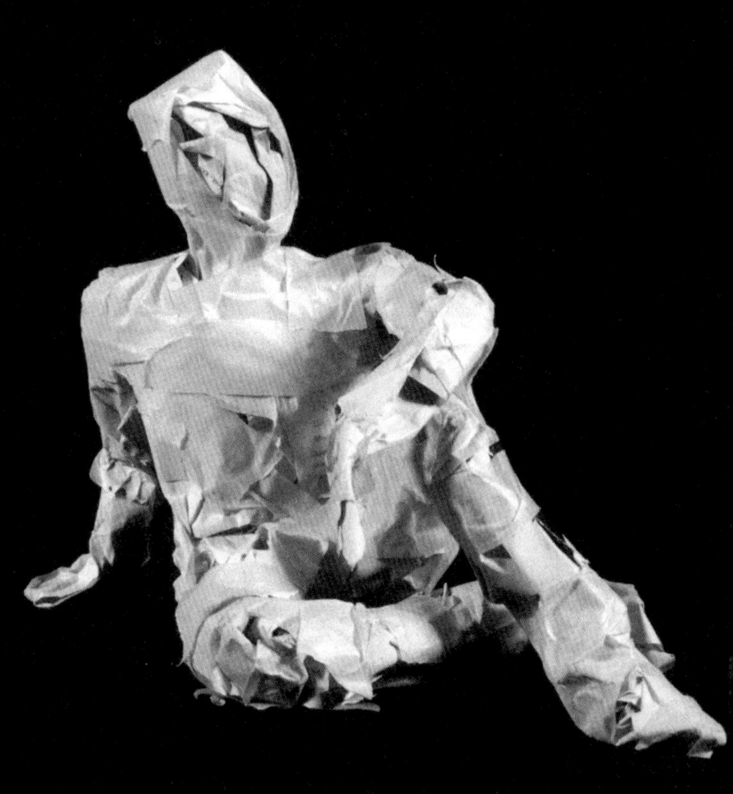

Ich: Bekannt, unbekannt, gespielt

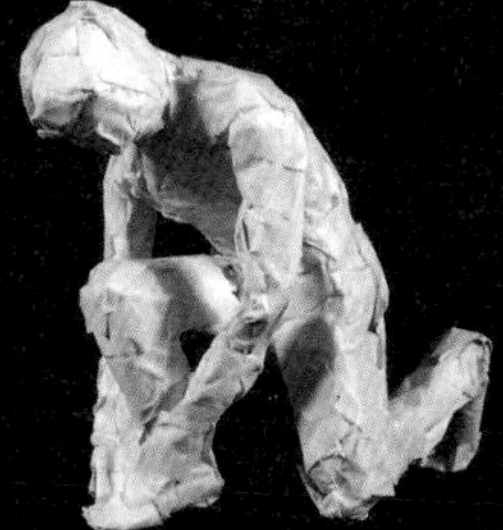

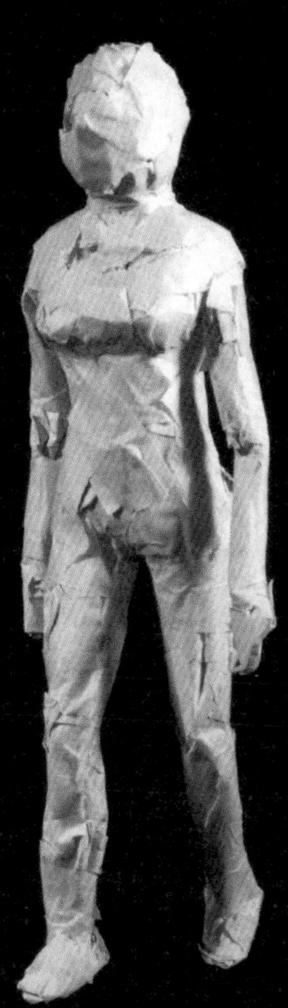

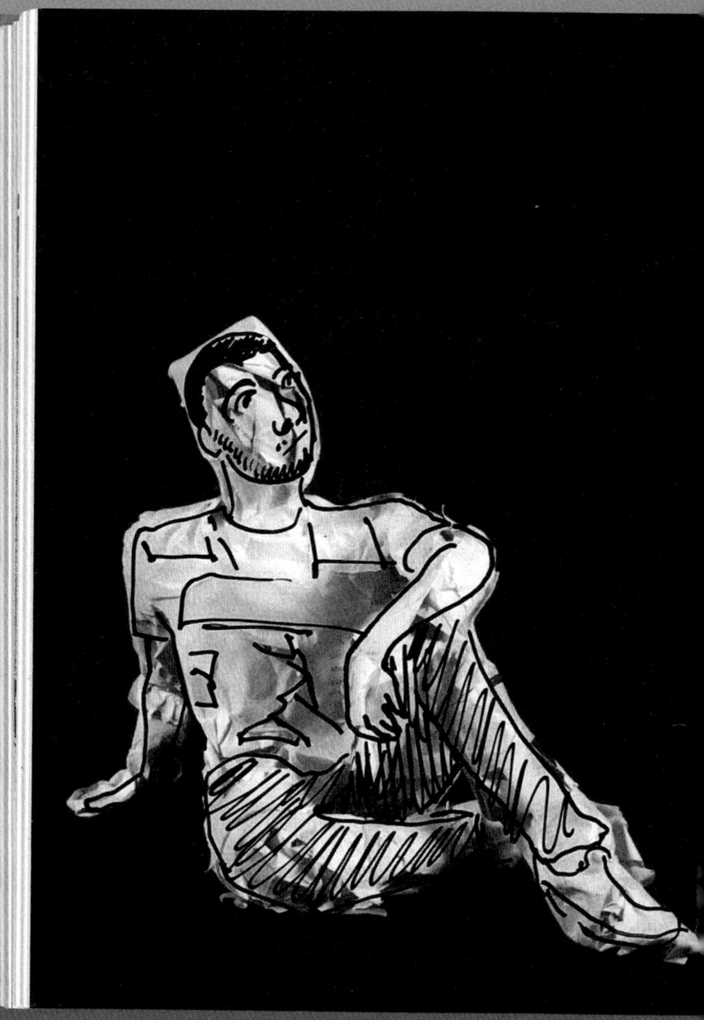

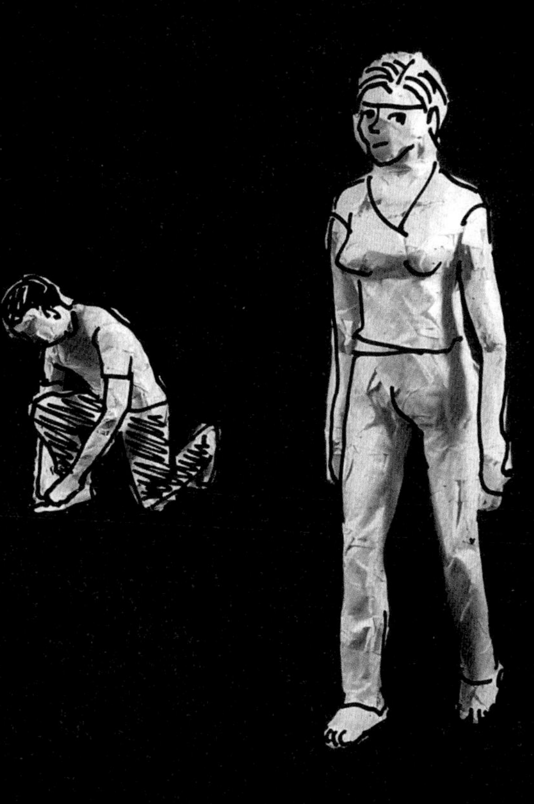

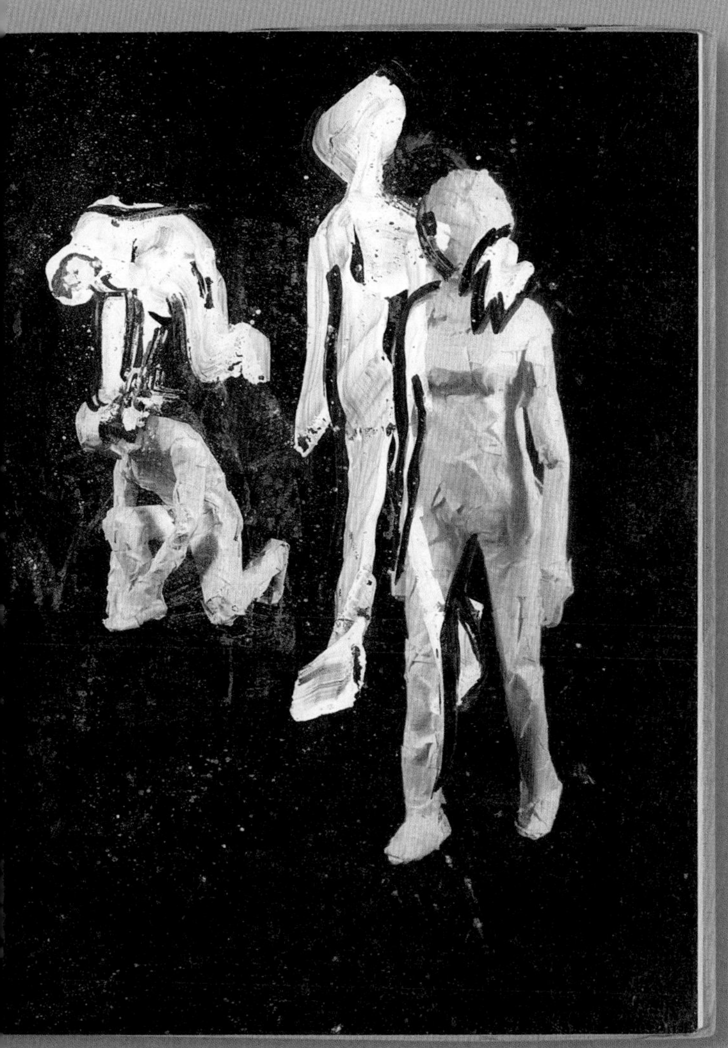

Nachworte und Nachbilder

Hinter einem Bild ist ein Bild, ist ein …

Das Auge ist immer in Startposition, um in Richtung Vorstellung zu sprinten. Bestehendes Bildmaterial als Inspirationsquelle zu nutzen ist zwar normal, wird aber, wie das Normale oft, gerne übersehen und damit also unsichtbar. Und demnach genau die richtige Voraussetzung, um die Vorstellungskraft zu trainieren. Wie immer beim Üben braucht es dazu Zeit und Musse, damit sich Erkenntnisse überhaupt bemerkbar machen können. Nach Anregungen Ausschau halten ist eine Tätigkeit, die spielerisch erscheint, in Wahrheit jedoch recht anspruchsvoll sein kann. Da unsere Sinne «Bewegungsorgane» sind, schielen sie gerne nach rechts und links, bis es «klick» macht. Dieses Suchen kann auf kleinstem Raum geschehen – zum Beispiel auf einem Stück bedruckten Papiers – und nicht als einsame Ideensuche. Viel eher als teambezogene Kreativität. Im Gedränge fremder Anregungen verstecken sich durchaus auch eigene Einfälle.

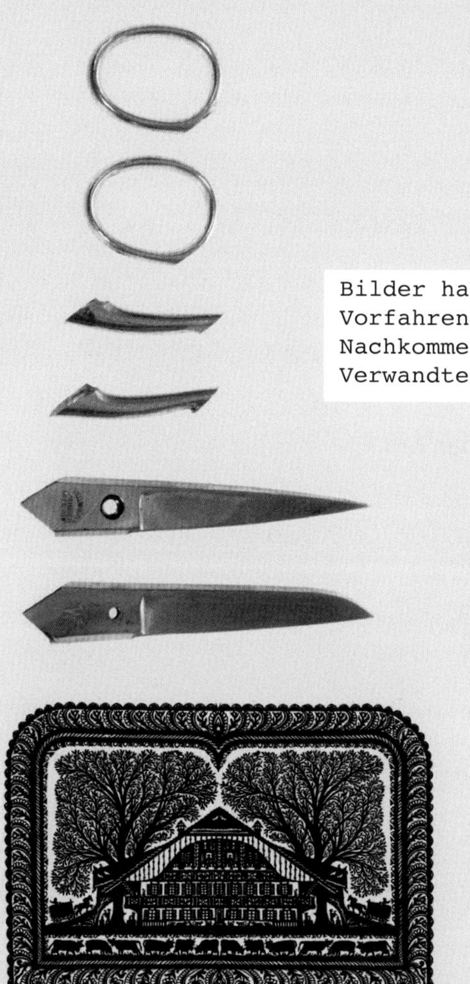

Bilder haben
Vorfahren,
Nachkommen und
Verwandte.

Siehe auch Seite 182

Der eigene Horizont beginnt
hinter dem rechten Augenlid.

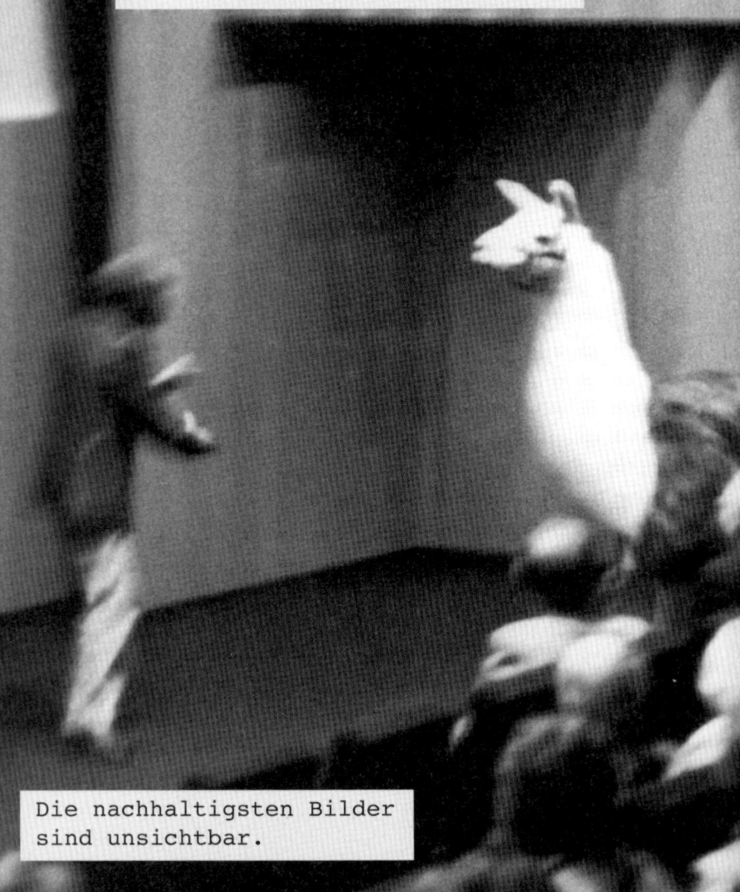

Die nachhaltigsten Bilder
sind unsichtbar.

Multimedia: Dozent, Modell, Bild, Vorurteil, Zuschauer.

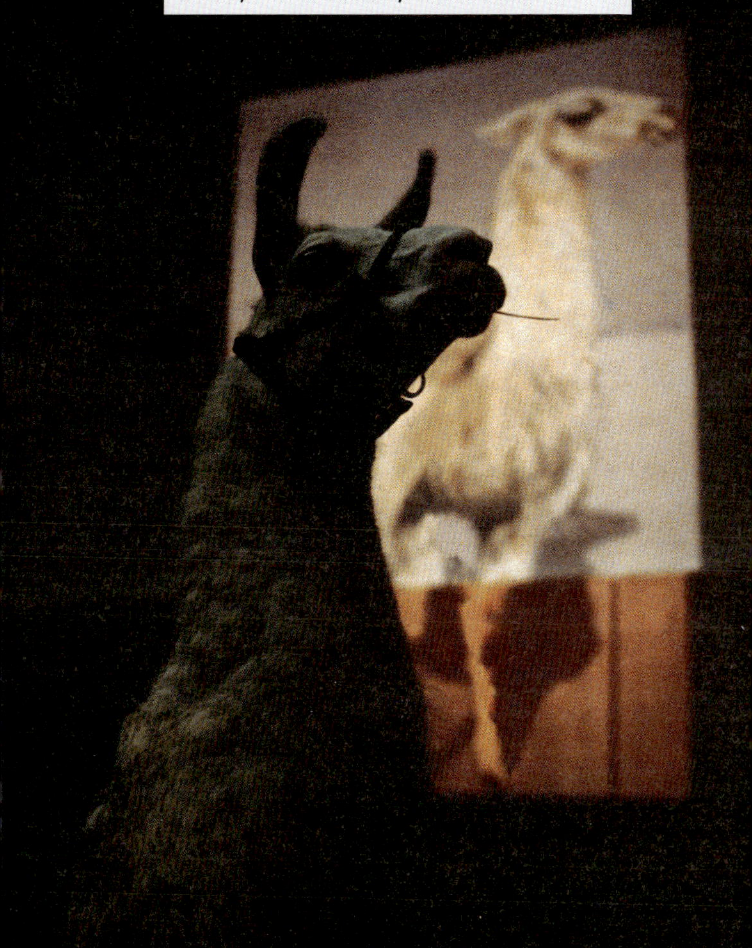

Fremde Anregungen, eigene Einfälle

Dies alles gibt es ja eigentlich schon immer, man muss nur zuhören. Etwa bei Musikgruppen, die gemeinsam improvisieren, etwas aufnehmen, weiterspinnen und verändern. Mit einem Minimum an Regeln und einem Maximum an Freiheit, die auch die Zuhörer miteinbezieht.
Übertragen auf das bildnerische Denken heisst dies nicht mehr nur zuhören, sondern hinsehen. Nicht mehr fixiert sein auf das Gehörte, Gesehene, sondern in der Bilderfülle auswählen dürfen. Nicht mehr nur konsumieren, sondern in Bilder direkt auch eingreifen zu können. Ob das Bildmaterial aus privaten Fotos, Illustrierten, Zeitungen, Kunstbänden oder Kochbüchern stammt, ist unwesentlich. Hauptsache bleibt die Freude bei der Wahrnehmungsgestaltung durch das Eingreifen und Mitmachen. In diesem Büchlein bieten sich Ihnen Übungsblätter in einem ermutigenden Kleinformat. Wer sich auf sie einlässt, nimmt das Bildnerische in die eigene Hand, wird handlungsfähig.

Darf man Anfänger sein?

- Manche von uns schreiben unleserlich und fehlerhaft, sie schreiben trotzdem!
- Manche von uns zeichnen «schräg», sie zeichnen trotzdem!
- Manche von uns denken kreuz und quer, sie denken trotzdem!
- Manche von uns betrachten ein Bild, das Unsichtbare darin sehen sie trotzdem!

Wir haben zwei Arme, zwei Hände, zwei Hirnhälften, zwei Augen, zwei Ohren, zwei Beine, zwei Füsse, eine Nase, einen Mund und sehr viel Haut. (Dabei wollen wir Oberlippe, Augenbrauen und Zähne nicht vergessen.)

Kein Wunder also, dass bei diesen vielen Möglichkeiten im Laufe der Zeit einzelne Sinne hinten anstehen müssen.

Delegieren und Konsumieren sind das Normale in unserer arbeitsteiligen Gesellschaft. Zu Hause, privat, dürfen wir schon etwas mehr Florence Foster Jenkins (1868–1944) sein. Sie wurde bemitleidet, verlacht und verhöhnt, aber auch

Fortsetzung Seite 218

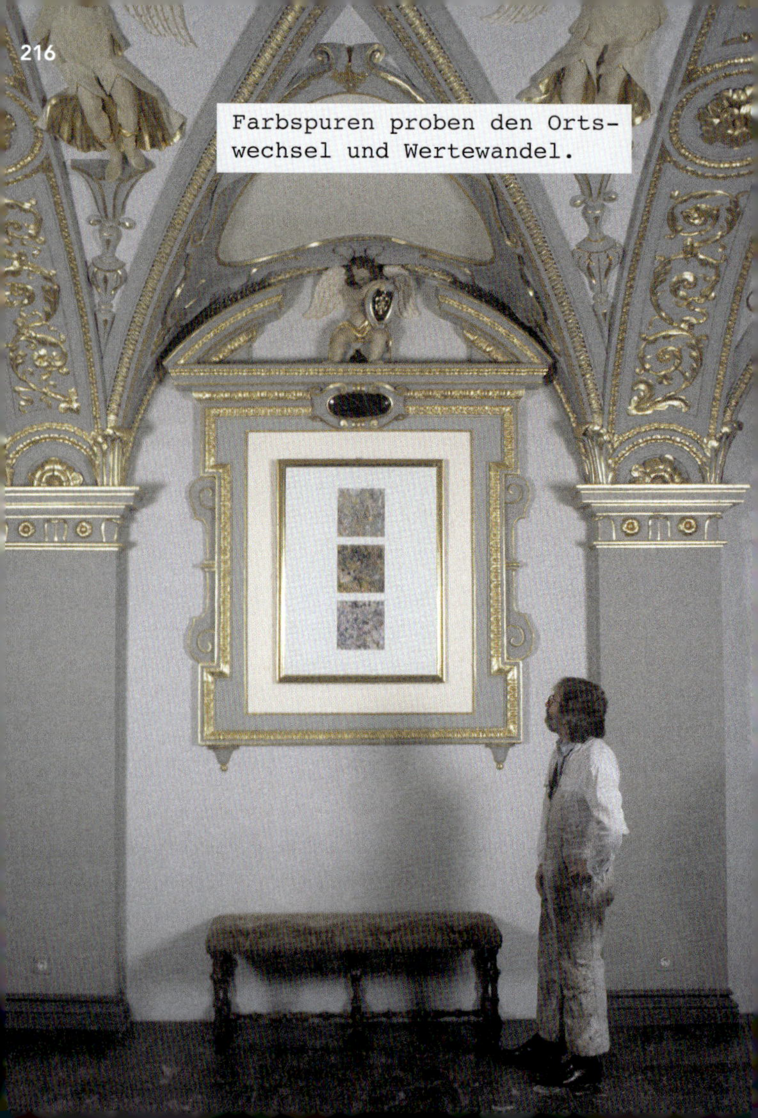
Farbspuren proben den Orts-
wechsel und Wertewandel.

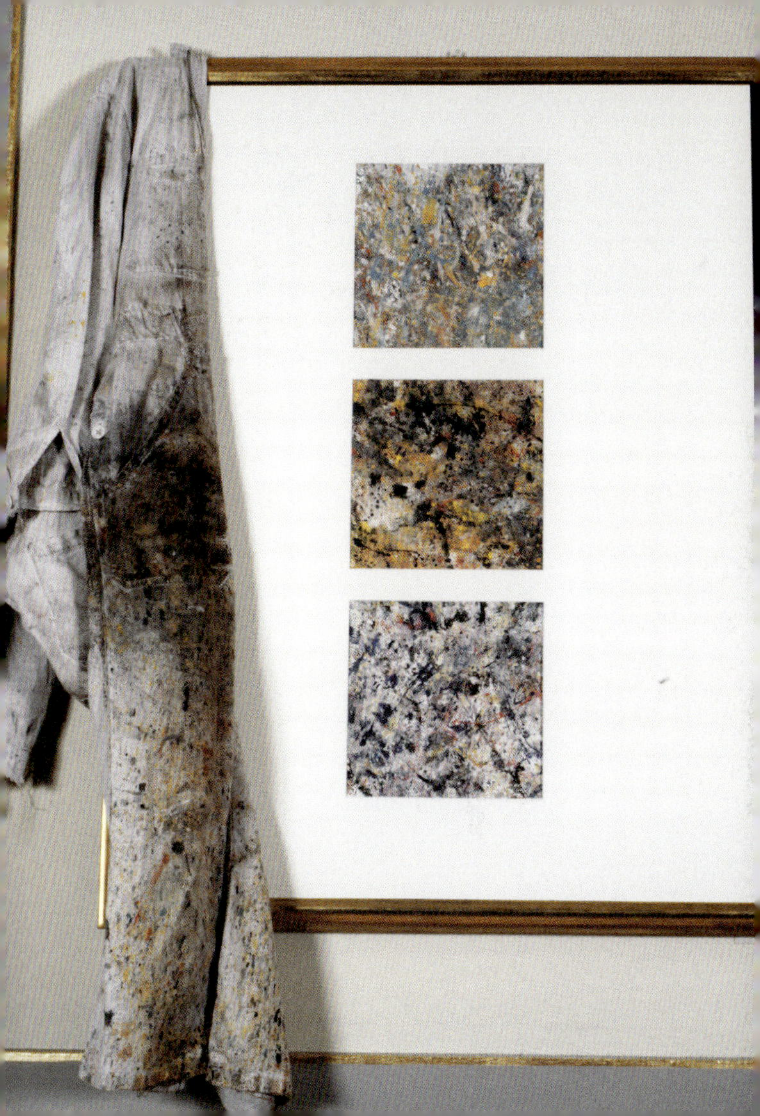

geliebt für ihre schrägen Töne. Dissonanzen sind im bildnerischen Denken zwar auch «schräg», aber eben zugleich inspirierend. Jedes Bild, jede Wahrnehmung, jede Kreativität hat ein Muster. Dieses versuchen wir zu verändern.

Privatgelehrte

Bezüglich zukünftiger Gestaltungsformen müssen wir das Nichtwissen, wenigstens bis zu einem gewissen Grad, akzeptieren. Für Lehrende eine schwierige Bürde. Die Angst, etwas nicht zu wissen, lähmt sie oder verführt oft dazu, sich als Hellseher aufzuspielen. Wir wissen von der Vergangenheit vieles, von der Gegenwart einiges und von der Zukunft eher Weniges. Damit bietet sich für Interessierte die Gelegenheit: lernen, wo auch immer. Selber machen, wann auch immer, weiterdenken, mit wem auch immer. Das bildnerische Denken ist assoziativ, sprunghaft und individuell. Die Grundlagen in der Visualisierung entsprechend verschieden. Aller Anfang ist schwer, das Spiel macht ihn leichter.

Darum ist es legitim, ein Fast-Künstler zu sein. Das «Wie» mag noch etwas verschwommen sein, aber das «Warum» wird dafür umso klarer. Wer gelernt hat, seine Motivation zu stärken, wird nach seinen eigenen Mitteln suchen, um dem auch Ausdruck zu verleihen.
Das «Warum» hat Zukunft.

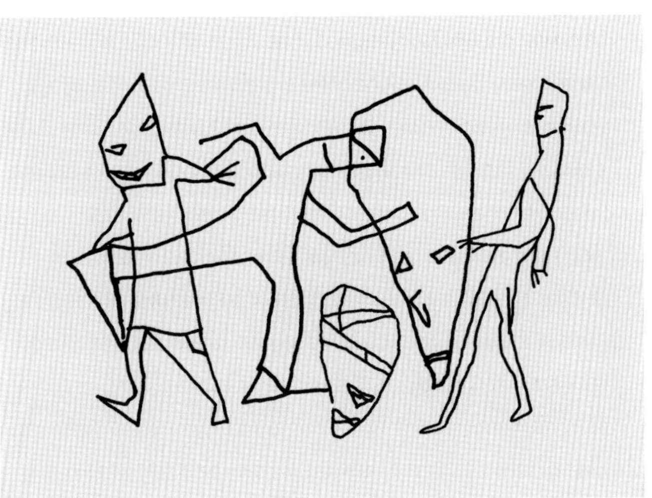

Vitamin «L»

Ganz zum Schluss noch eine Feststellung, die in den vorangehenden Texten meist verschwiegen wurde. Das Verschwiegene ist in den Bildspielen dennoch – als Vitamin «L», – durchaus nachweisbar. In der Rangliste unserer Entdeckerfreude wird dieser Gewinn, leider, schamvoll verschwiegen. Das Motto dafür lautet: «Aus den Augen, aus dem Sinn!» Für uns aber gilt: «Von den Augen in den Sinn!» Gewinne durch Gefühle gelten als verwerflich, wenn nicht rasch die kulturelle Verträglichkeit nachgewiesen werden kann. Mit Vitamin «L» meine ich die von vielen versteckte Substanz Lustgefühl. Wenn Ihnen bildnerisches Denken, Regelbrüche, Kreativität und sich einzumischen Freude bereitet, ist Lustgewinn für Sie kein Tabuthema.
Die insgesamt 10 Büchlein «Schulen des Sehens» vermitteln alle zwischen Sehen und Denken. Ihre ansteckenden Wirkungen sind beabsichtigt.

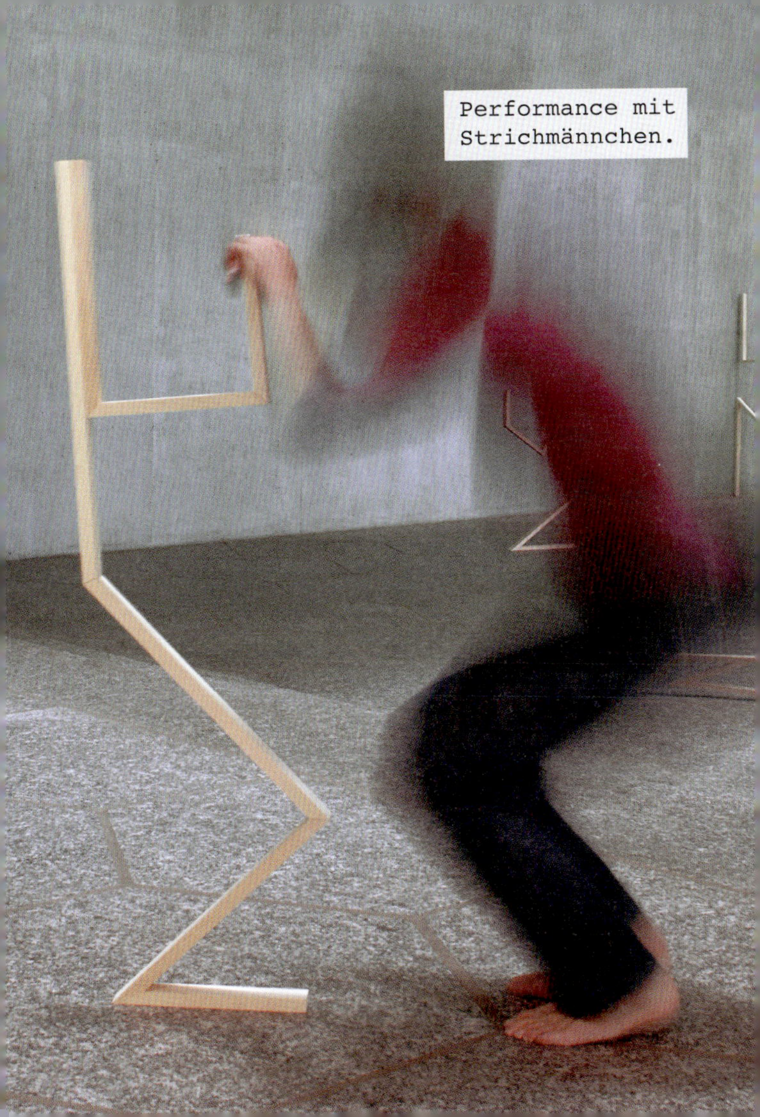

Performance mit Strichmännchen.

Dank: Alle für alle!

David Schlatter, Manette Fusenig, Aline Telek und Colin Würgler für ihre Weiterarbeit an den im Buch präsentieren Vorlagen. Sie bewiesen mir, welche Artenvielfalt sich in einer Bildvorlage entdecken lässt. Ausserdem, wie relativ Zensuren «Richtig» oder «Falsch» in der Wahrnehmung sind.
Hinter den Kulissen konnte ich wie immer, auf die Hilfe meiner Frau, Doris Jenny-Lüthi, zählen.
Hand und Auge bei der Bearbeitung der Lithografien legte Edith Schwegler an, die Resultate können sich sehen lassen.
Im Verlegerteam durfte ich mich auf die Umsicht von Brigitte Raab und Jutta Schober abstützen, Zuverlässigkeit inklusive.
Was wäre unsere Stafette ohne das Verlegerpaar Karin und Bertram Schmidt-Friderichs.
In ihrem Hause erschienen elf meiner Bücher.
Über zwanzig Jahre Zusammenarbeit haben mir gezeigt, dass sich bei ihnen im Wort Verlag ein Synonym verbirgt: Familie! Teil dieser Familie zu sein, erfüllt mich mit Dankbarkeit.

Peter Jenny, August 2019